做有影响力的图书

# 优秀儿童
## 时间管理手册

### 30天让孩子生活更自律

乔子清◎著

中国致公出版社
——China Zhigong Press——

图书在版编目（ＣＩＰ）数据

优秀儿童时间管理手册：30天让孩子生活更自律 /
乔子清著 . -- 北京：中国致公出版社，2019

  ISBN 978-7-5145-1534-3

  I . ①优… II . ①乔… III . ① 时间－管理－儿童读物
IV . ① C935-49

中国版本图书馆 CIP 数据核字（2019）第 236400 号

优秀儿童时间管理手册：30天让孩子生活更自律
乔子清　著

| 出　　版 | 中国致公出版社 |
| --- | --- |
|  | （北京市朝阳区八里庄西里 100 号住邦 2000 大厦 1 号楼西区 21 层） |
| 发　　行 | 中国致公出版社（010-66121708） |
| 责任编辑 | 付　阳　胡梦怡 |
| 印　　刷 | 天津爱必喜印务有限公司 |
| 版　　次 | 2019 年 12 月第 1 版 |
| 印　　次 | 2019 年 12 月第 1 次印刷 |
| 开　　本 | 880mm×1230mm　1/32 |
| 印　　张 | 8 |
| 字　　数 | 172 千字 |
| 书　　号 | ISBN 978-7-5145-1534-3 |
| 定　　价 | 42.00 元 |

很多父母会有这样的疑问：

为什么我的孩子早上起床要花十几分钟？

为什么我的孩子从 7 点就开始写作业，到了 9 点却还写不完？

为什么我的孩子做事情永远都是慢腾腾的，就好像电影在播放慢动作？

为什么我的孩子放学回家一定要先看电视，非要父母催个三四遍才肯写作业？

为什么我的孩子总是想一出是一出，做事丝毫没有条理性？

……

当孩子出现类似情形的时候，作为父母应该审视一下，自己的孩子是否具有时间观念，是否懂得合理地管理自己的时间？显然，有上述行为的孩子时间观念差，不懂得珍惜时间，更不懂得如何合理地利用自己的时间。所以，在生活和学习中，他们做事习惯拖延，没有条理性和计划性，更无法专注地把一件事情做完做好。

现实生活中，不会管理和利用时间的孩子比比皆是。看看我们的身边，类似的事情每天都在上演：孩子做事慢慢悠悠，父母在一旁着急得不行，不停地催促，甚至还会打骂孩

子；孩子做事情总是拖拖拉拉，效率低下，结果学习和生活搞得一团糟；孩子把时间都浪费在玩闹、看电视上，结果无法按时完成作业，反而抱怨时间不够用……

正因为如此，作为父母更应该尽早培养孩子的时间观念，让他们学会管理自己的时间。这对于孩子的生活和学习都非常有意义。正如著名管理大师彼得·德鲁克所说的："不能管理时间，便什么也不能管理。时间是世界上最短缺的资源，除非严加管理，否则就会一事无成。"

简单来说，如果孩子从小就懂得珍惜时间，善于管理自己的时间，那么每天就会过得很充实、快乐；而如果孩子不懂得珍惜时间，找不到掌握和利用时间的方法，那么就会让时间白白地流走，导致将来一无所成。

当然，想要孩子学会管理时间，父母们就必须先让他们知道时间是什么，并且对时间有感觉。对于6岁以下的孩子，即便你告诉他们时间是宝贵的，让他们不要浪费时间，他们可能也不懂得如何去做。因为对他们来说，时间这个概念实在是太抽象了。这个时候，父母就应该利用钟表、闹钟等实物，来向孩子说明时间到底是什么，向他们解释时间是会流逝的。同时，父母还要巧妙地把时间和孩子的行动联系起来，让孩子对时间有具体的了解。

而对于稍大一些的孩子来说，比如八九岁、十来岁的孩子，他们虽然能够正确地认识时间的概念，却并不懂得如何合理利用时间，如何让自己的行动更高效。这个时候，作为父母，就应该教给他们正确并且高效利用时间的方法，比如制订时间计划、如何最大限度地利用每一分钟等等。当孩子能够合理地利用时间，用最少的

时间做最有价值的事情，那么他们的生活就会变得更充实。

实际上，让孩子懂得如何管理和利用自己的时间，并不是一件非常困难的事情。这本《儿童时间管理训练手册：30天让孩子生活更自律》就帮助我们解决了这个问题。它从培养时间观念、营造时间氛围、纠正孩子不良习惯、制订时间计划、时间管理的纪律约束、培养孩子专注力，以及如何让孩子最大限度地利用时间这七方面进行了阐述。目的就是为了帮助父母们教会孩子如何建立时间观念，如何灵活自如地利用和管理时间。

所以，父母们不要总是感慨"孩子的时间都去哪里了"，也不要总是抱怨孩子做事拖延。只要从日常生活开始入手，灌输给孩子正确的时间观念，循序渐进地给予孩子积极正确的引导和指导，并且有意识地纠正孩子拖延、注意力不集中、懒惰等坏习惯，那么孩子就会养成珍惜时间的好习惯。而一旦好习惯养成了，孩子自然就会成为时间的主人，可以轻松有效地掌握自己的时间和生活。

# 目 录

想要孩子学会时间管理，就应该培养他们的时间观念，让他们真正理解时间究竟是什么？可是，时间是看不见、摸不着的，它是一个非常抽象、虚幻的概念。这就需要父母们利用具体的事物来把时间具体化，让孩子们意识到时钟上的那些数字刻度就是时间，并与他们所做的事情息息相关。

孩子浪费时间、做事情拖延，并不是有意的行为，而是真的

不知道这样做会让时间流走。所以，作为父母应该给孩子营造良好的家庭氛围，从生活的各个方面灌输给孩子时间宝贵的观念。当孩子明确地知道时间的真正意义，就不会再做出浪费时间的事情。

## 第三章　别让孩子的时间被偷走了
### ——纠正孩子浪费时间的不良习惯 // 073

谁无端地浪费时间，谁就会白白浪费宝贵的生命。面对自己的孩子，很多父母会发出这样的疑问：是谁偷走了孩子的时间？事实上，是孩子偷走了自己的时间。生活中，由于这样那样的原因，孩子养成不良的生活习惯：没有主见、做事没条理、注意力不集中、半途而废等等，这些坏习惯让孩子耽误了很多时间和精力，从而导致生活一团糟。

## 第四章　时间是挤出来的
### ——制订计划，合理利用时间 // 111

所谓计划，就是在规定的时间内，做好自己应该做好的事情。有了计划，孩子们就会按部就班地做一件件事情，合理地分配时间和精力；有了计划，孩子们就不会盲目地行动，可以在正确的时间做正确的事情。而没有了计划，做事不仅缺乏了条理、顺序，更会失去了方向和目标。所以，父母要教会孩子制订计划，合理地利用自己的时间。

## 第五章　没有规矩，不成方圆
### ——时间管理的纪律约束 // 145

有的父母说，家不是讲纪律的地方；还说，孩子还小，不能太严格要求。但是，没有规矩不成方圆。在家庭教育中，不管什么时候，孩

子都不能少了规矩的约束。如果孩子违反了纪律，就应该受到相应的惩罚。尤其是对于自控能力比较弱的儿童来说，规矩和纪律是非常必要的，可以让孩子照章做事，也可以促使孩子改掉很多不良习惯。

## 第六章　让孩子做自己爱做的事
### ——用兴趣激起孩子的专注力 // 177

兴趣是孩子最好的老师，当孩子对某件事情产生浓厚兴趣的时候，就会积极主动去尝试，并且投入全部的精力和热情。可是如果孩子对于某件事情没有兴趣，那么就会三心二意、不在状态。即便父母强迫他去做，也只能身在心不在、敷衍了事。因此，父母们应该让孩子做自己喜欢做的事情，并且想办法激发孩子的兴趣，以便激起他做事的专注力。

## 第七章　最大化提高时间利用效率
### ——引导孩子做事分清轻重缓急 // 213

培根说："善于选择要点就意味着节约时间，而没有条理地瞎忙等于乱放空炮。"这句话说得一点都没错。很多孩子之所以浪费时间，并不是因为懒惰、不珍惜时间，相反他们很勤快、很刻苦，只是没有能够最大限度地利用好自己的时间。父母应该引导孩子把时间用在最有价值的地方，分清轻重缓急，如此才能更高效地利用时间。

# 第一章

## 时间是什么？看不见，摸不着
### ——没有时间观念，何谈时间管理

**01**

想要孩子学会时间管理，父母就应该着重培养他们的时间观念，让他们真正理解时间究竟是什么？可是，时间是看不见、摸不着的，它是一个非常抽象、虚幻的概念。这就需要父母们利用具体的事物来把时间具体化，让孩子们意识到时钟上的那些数字刻度就是时间，并与他们所做的事情息息相关。

## 1.

# 父母包办代劳，孩子就没有时间意识

很多父母抱怨孩子没有时间观念，做事拖延，浪费时间。可实际上，这样的结果往往是父母的过度保护和纵容造成的。

长久以来，父母什么事情都为孩子代劳、包办，导致孩子产生了很大的依赖心理，认为这些事情本来就是父母应该做的，自己没有一点责任；或是认为自己再慢也没有关系，反正最后父母都会帮着做，那我还着急什么呢。

父母们的包办和代劳，本意是让孩子不再磨蹭，快速地行动，可结果正好相反。正是因为这种包办代劳的行为，以及纵容孩子的心理，让孩子形成了一种思维定式，并越来越没有时间观念。

比如孩子早上起床后，穿衣服磨磨蹭蹭，父母担心孩子上学迟到，就会帮孩子穿衣服；吃饭的时候，孩子慢条斯理，一边吃一边玩，父母看着着急，就会喂孩子吃饭；出门的时候，父母已经准备好了，可孩子的鞋子、上衣还没有穿好，于是父母就会直接上手帮孩子穿了……

结果，父母越是包办代劳，孩子的依赖心理就越强，变得越来越磨蹭。同时，这种的行为还会让孩子失去了锻炼的机会，使得他们做事能力越来越弱。等到那个时候，他们即便是想快，也

快不起来了。

　　6 岁的洋洋今年上一年级，是个活泼开朗、聪明可爱的男孩。可这孩子就是做事情没有时间观念，总爱磨磨蹭蹭。不管妈妈让他做什么事情，洋洋总是说"再等一会，我一会就做"。可行动之后更是慢腾腾的，别人花 1 分钟就能做完的事情，他需要花 5 分钟才能做完。

　　比如他玩完积木的时候，妈妈让他收拾，他就会说："我还要玩呢，过一会再收拾！"可是，过了一会，妈妈发现他并没有收拾，于是再次提醒他，他还是会以"再玩一会"为借口拒绝收拾。等到吃饭的时候，妈妈会说："还有五分钟，你必须把积木收拾好，放到柜子里。"这时，尽管洋洋痛快地答应了要收拾玩具，却迟迟不肯快速行动。于是，看着摆了一地的积木，妈妈只能一边唠叨一边帮助孩子收拾。再看看洋洋，他已经放下没收拾好的积木，自己坐在餐桌前吃饭了。最后，妈妈就只能一边无奈地摇摇头，一边帮孩子做完他应该做的事情了。

　　早上起床穿衣服更是如此。以前上幼儿园的时候，学校对于时间的要求不算太严格，妈妈也就没有严格要求孩子必须按时起床。可是，洋洋上了小学之后，要在家里吃早饭，那么早上的时间就显得更紧张了。洋洋的妈妈觉得每天都像是打仗一样，催着孩子起床、催着孩子穿衣服，更不断地催着孩子吃饭……可是，平时的情景却是这样的：妈妈已经着急得不行了，洋洋却跟没事人似的，依旧按照自己的节奏慢慢来。

　　洋洋妈妈知道，其实孩子什么道理都明白，可就是无法让自己快起来。对于这个孩子，她实在是没有一点办法了，于是听了一次教育讲座。后来，她才明白，原来孩子之所以这样，和自己一直以来的代劳、包办有很大的关系。

从那以后，洋洋妈妈开始采取补救措施，慢慢培养孩子的责任心和自理能力，让他学会做自己的事情，并且时常引导孩子帮助父母做一些事情。即使孩子做事还是有些磨蹭，妈妈也只是在旁边提点和引导，而不是像以前一样直接上手帮忙。除此之外，洋洋妈妈还想办法来提高孩子做事的速度，比如采用和孩子比赛等方式。

渐渐地，洋洋的情况果然有所好转，不仅做事有效率了，而且自理能力得到了大大提高。

父母们要知道，孩子习惯拖延的问题并不是父母们顺手帮忙就能够解决的。父母的包办和代劳只能让孩子永远也无法脱离对父母的依赖，并且变得越来越懒惰。

因为对于他们来说，快一点慢一点都没有关系，反正父母会帮助自己完成任务；耽误一分钟、磨蹭五分钟也没有大不了的，反正等到来不及的时候，父母就会代劳。如此一来，孩子怎么能改正拖延的毛病，又怎么能有时间意识呢？

所以，父母即便再爱孩子，也不能溺爱和纵容他们，该放手时就学会放手。

父母可以在孩子面前稍微"懒一些"，做个懒爸爸、懒妈妈，让他们学会做自己的事情，比如收拾书包、洗小袜子和小毛巾等；父母还可以让孩子学会帮父母做一些力所能及的事情，比如整理

房间、打扫卫生等等。

最重要的是，父母要让孩子们明白：你已经长大了，可以做很多事情，可以承担很多事情。而等孩子的独立性和责任心养成了，自然就明白什么时候该做什么事情，自然也就提高效率了。

## 2.
## 教孩子从小学会守时守信

曾经听过这样一个故事：一天，一位将军宴请几个手下吃晚餐，想要在晚餐后顺便讨论一些事情。可是到了晚餐的时间，几个手下还没有到场，这位将军就没管他们，自己独自一人吃饭。等到他放下餐具的时候，几个手下才姗姗来迟。这时候，将军说："晚餐时间已经过了，现在是议事时间，我们开始吧！"几个人只能饿着肚子，一脸尴尬地参加接下来的议事。

这个故事或许是人们杜撰的，因为没有哪个人敢在将军的宴会上迟到。但是这个故事告诉人们一个道理：那就是做人必须要具有一个素养——守时守信。

是的，守时守信是一种美德。这不仅体现了人们对别人的尊重，更体现了对自己的尊重，否则不仅会浪费别人和自己的时间，还会失去别人的信任和欢心。所以，父母们要教孩子从小就学会守时守信，做一个珍惜时间、信守诺言的人。

可生活中，很多父母却忽视了这一点，无形中纵容了孩子迟到、食言等行为。比如几个孩子约好了一起出去玩，却总有几个孩子迟到，或是不到场。等到别人问起的时候，父母却为孩子开脱说：“都是小孩子，没有关系！”“小孩子哪懂得迟到不迟到，等他们长大了就好了！”

可真的是无所谓、没关系吗？

当然不是！迟到就是迟到，食言就是食言！不能因为是孩子，就觉得无所谓了！正因为他们是孩子，父母才应该更严格要求，让他们知道守时守信的重要性。因为所有的好习惯都是从小养成的，所有的好品质都是从小形成的。一旦父母纵容孩子的坏习惯，纵容他无理由地迟到、食言，那么孩子的不良行为就会得到助长，从而影响未来的成长。

况且，今天因为他是孩子，或许会得到别人的谅解和原谅，可是等他长大了，谁又愿意和没有时间观念的人交往呢？今天，小朋友会耐心地等他，那么将来谁又愿意甘心为他的错误而买单呢？

要知道，没有时间观念的行为，必定会使孩子受到相应的惩罚。比如，乘车不守时，公交、火车就会开走；考试不守时，你就进不了考场；上学不守时，你就会被老师罚站，还会浪费自己和同学们的时间；约会不守时，你就可能错过了相约的人……

可以说，守时，是一个人诚信素养的体现，更是孩子必须具备的良好品质。孩子正处于良好习惯养成的黄金时段，父母们怎么能觉得不守时无所谓呢？

所以，父母要给予孩子正确的教育和指导，让孩子知道如何做才是正确的，如何做是错误的，让孩子成为一个守时守信的

人。同时，父母也应该为孩子做好榜样，做一个诚实守信的人。因为孩子的行为都是从模仿父母开始的，一旦父母平时没有做到守时守信，就会给孩子种下一粒不守约的"种子"。

一天，菲菲和好朋友琪琪约好了，要到附近的公园写生。可快到了约定的时间，妈妈看到她还在摆弄自己的芭比，没有出发的意思。于是妈妈便提醒说："菲菲，你不是和琪琪约好了吗？为什么还不出发？我们家到公园要半个小时的时间，你再不出发就迟到了！"

菲菲却不以为然地说："没事，我一会儿就出发了。"妈妈说："我和你说过很多次了，和别人约会要守时，迟到了让人等多不好！"菲菲头也不抬地说："的确不太好，不过，这也没有什么大不了的，她也等不了多少时间。我一会儿就会出发的。"

这时候，妈妈有一些生气了，说："你怎么可以不当回事呢？守时是一个人最起码的素养，你总是习惯迟到，没有时间观念，还有谁会相信你？还有谁愿意和你做朋友？再说，你迟到不仅浪费别人的时间，也浪费自己的时间。既然和别人约好了，你为什么不早一点出发呢？"

听见妈妈生气地教训自己，菲菲也赌气地说："你们大人不也是经常这样？"妈妈不知道为什么孩子会这样说，不解地问道："我们怎么了？你是什么意思？"

菲菲说："你上班不也是经常迟到？和××阿姨她们聚会的时候，你总是在家化妆化半天，人家都到了，你还没有出发。我们学校组织活动的时候，你答应了我要参加，却总是食言。你自己都这样，为什么还要求我守时守信?"

妈妈听了菲菲的话，一下子呆住了，没有想到自己的行为给孩子带了这么坏的影响。她想了想说:"孩子，对不起，妈妈错了。你先准备出发吧，不要让琪琪等。今天晚上你回来的时候，我再和你讨论，好吗?"

菲菲看了看妈妈，痛快地答应了。之后，妈妈和菲菲进行了深入的沟通，承认了自己的错误，也指出了孩子的一些不足。最后，母女两人还约好了彼此监督和帮助，努力做守时守信的人。

现实生活中，很多父母都和菲菲妈妈一样，不知不觉地给孩子树立了不好的榜样。所以，父母们想要让孩子珍惜时间，做到守时守信，就应该从自己做起。同时，父母还要从孩子小时候就给予正确的引导，教会他们不迟到、不食言。

那么，父母们应该如何引导孩子呢?

## 1. 让孩子从小做起，从点滴做起

要知道，孩子的性格、习惯，以及道德观、价值观，都是从小开始形成的，更是从生活中的点滴小事养成的。很多时候，孩子口头答应了朋友，可由于年龄小而没有责任感，做了食言的举动。这时候就需要父母的指导和教育了，让孩子学会守时守信，并且知晓它的重要意义。

即便孩子约定的事情是小事，父母也应该让他遵守诺言，这样一来，孩子才能逐渐学会约束和管理自己的行为，并且做到对

任何事情都信守承诺。

## 2. 批评不应该态度过硬

当孩子不能守时守信的时候，父母应该给予批评和指导，但是批评也不能太过于强硬，应该注意方式方法。因为太过直接强硬的批评方式，非但对于教育孩子没有效果，还会引起孩子的逆反情绪。

父母如果事先知道孩子和别人有约，就应该提醒孩子按时赴约，比如在时间快到时，问一句"你们几点钟出发？""你准备好了吗？"

## 3.
## 让孩子为他的磨蹭付出代价

很多时候，人们不为自己的行为付出代价，就不知道自己做错了，就不知道事情的严重性，不能更好地吸取教训。孩子也是如此。不管是磨蹭还是不守时，如果孩子不为自己的行为付出代价，就不会知道时间的宝贵，更不会真正认识到自己的错误。

因为没有付出过任何代价，孩子们就会认为："犯错和完不成任务没有什么大不了的，反正父母也不会拿我们怎么样，最坏的结果不过是唠叨几句、责骂一下，然后还不是帮助我们收拾了烂摊子。""我磨蹭了，可是并没有什么后果。既然如此，我为什么要改掉自己的习惯呢？"

就是因为如此，大家才会看到这样的情形：已经7点半了，孩子还磨蹭着不肯起床；大人赶着回家，孩子却非要在外面玩，不愿意回家；父母让孩子早点休息，他却一会要吃东西，一会要喝水，不肯上床睡觉；孩子放学了不马上写作业，磨磨蹭蹭到七八点钟才打开作业本……

因为孩子从小到大并没有因为磨蹭而受到任何实质性的惩罚，也没有付出过实质性的代价，所以他们认为这些事情并不属于自己的责任范畴，并不应该让自己负责。而想要让孩子改掉这个坏习惯，父母就必须学会狠下心来，让他们为自己的磨蹭付出代价，并且让他们学会为自己的行为负责。

慧慧永远按照自己的想法做事情磨蹭，不遵守时间，更不懂得提高自己的做事效率。因为她知道，即便自己再磨蹭也不用付出什么代价，大不了挨父母一顿唠叨，最后父母还是会帮助自己解决问题。

比如，早上磨蹭着不起床，没关系。因为父母会在某一个时间拉自己起来，然后帮自己穿衣服；

不愿意回家，没关系，因为父母即便唠叨，也不会不等自己；

晚点上床睡觉，也没有关系，因为父母就是我的"闹钟"，我不用担心明天上学会迟到；

作业写不完，也没有什么大不了的，因为父母会帮助我的……

慧慧妈妈一开始对于孩子的磨蹭毫无办法，后来她不得不请教一位教育专家。而专家则给出了一个不错的方法：以前孩

子早上起床后磨磨蹭蹭的，她总是先催促、再责骂，然后再帮孩子穿衣服，甚至喂孩子吃饭。现在，她也不着急了，也不催促了，只是任由她慢腾腾地行动。

开始的时候，慧慧还没有什么改变，依旧"做自由自在的自己"。可是过了一段时间，慧慧就变得积极多了。妈妈故意问她为什么。慧慧说："这段时间我每天早上都迟到，不仅挨老师批评还被同学嘲笑，实在是太丢人了。而且老师说再这样下去，我的小班长就会被撤了，我不能再迟到了！"

听了孩子的话，慧慧妈妈笑了，直到现在她才知道：原来让孩子吃点苦头、付出些代价，真的比自己唠叨、发脾气管用得多。


所以说，孩子如果养成了磨蹭的坏习惯，父母不要着急，不要不断地催促他，也不要去帮助他穿衣服、吃饭。只有让他们为磨蹭付出代价，孩子就会改正不良习惯。那么父母应该怎么做呢？

### 1. 给予一定提醒，让孩子吃点苦头

当孩子磨蹭的时候，父母可以给予一定的提醒，比如："你还有半个小时的时间来穿衣服、吃饭，如果再不快点可要迟到了。"

如果孩子还在那里磨磨蹭蹭，那么就任他去吧，不要再管他。父母不要担心孩子会上学迟到，如果孩子真的迟到了，那么老师会批评他。而这其实就是要让孩子亲身体验的后果。

这个时候，孩子已经有了自尊心，根本不好意思承认迟到是

因为赖床和磨蹭。再者，孩子都不愿意挨老师的批评，更不愿意在同学们面前出丑，所以，经历几次之后他们就会认识到磨蹭给自己带来的害处，从而自觉地加快速度，改掉磨蹭的坏习惯。

### 2. 吃饭磨蹭，不妨让孩子饿一顿

孩子小时候，尤其是 3 岁到 5 岁的时候，吃饭很喜欢磨蹭，而一些爸爸妈妈担心孩子饿着，就追着孩子喂食。如此一来，孩子不仅变得更加磨蹭，还会拿不吃饭来威胁父母。

对于这种情况，父母应该避免一味地娇惯，让孩子品尝不好好吃饭的苦果。如果孩子不好好吃，等到大人吃完之后，孩子还在磨蹭，那么父母就马上把饭菜收起来。不要管孩子吃了多少，是否吃饱了，更不要让孩子吃零食。

如此几次之后，孩子体验了挨饿的后果，还会不好好吃饭吗？

### 3. 出门磨蹭，那就让孩子失去出门的机会

如果出门的时候，孩子磨磨蹭蹭，不赶紧收拾好东西，父母就可以取消这次外出。

比如父母打算带孩子看电影，并且准备 9 点半出门，如果过了这个时间孩子还在磨蹭，那就取消这次看电影的活动。如果孩子足够大了，或是家中有其他人在，完全可以将孩子留在家中，父母独自去看电影。

这个时候，父母一定要坚持原则，不管孩子怎么哀求，都不能妥协。

## 4. 不要对孩子冷嘲热讽，应该让孩子知道错在哪里

父母应该注意的是：刚开始的时候，孩子吃到了磨蹭的苦果，肯定会抱怨爸爸妈妈没有帮助自己。这时候，父母不能对孩子冷嘲热讽，而是应该明确地对他说："我已经提醒过你了。这是你的错，应该受到惩罚。另外，你已经长大，应该学会自己做自己的事情，并且为自己的行为负责。"等到孩子明白了这样的道理，自然就会努力改变自己，变得不再磨蹭。

总之，孩子改不掉磨蹭的习惯，绝大部分原因都在于父母的纵容和溺爱。正所谓"吃一堑，长一智"，与其在孩子后面不断地催促和啰唆，不如让他承受他的行为所引起的后果，给他一个教训。也许这一次教训，要比父母唠叨十遍的效果还要好。

# 4.

# 让孩子意识到时间是会飞逝的

孩子不知道时间是什么，不知道1分钟是多长、5分钟是多久，更不知道时间是一去不复返的。

所以，他们不管做什么事情，都习惯按照自己的意愿和节奏来做。当爸爸妈妈催促他们快一些行动，不要浪费时间，或是警告他还有5分钟就迟到的时候，他们并没有意识到5分钟是多长时间，更没有意识到如果这5分钟过去了，自己上学或是约会就会迟到。

美国一位科学家曾经做过一项研究：他对数千名孩子做了四十多年的跟踪调查，发现孩子在2岁半到3岁的时候才有了时间的观念，可以准确地说出现在、过去和未来的事情，可以把这些事情按照时间先后顺序进行排列。可是，由于时间是看不见摸不着的，所以这个时期的孩子很难知道时间是什么，时间究竟是怎么回事。

孩子到了4岁的时候，基本就可以知道一天中每件事情的先后顺序了。比如上幼儿园的小朋友可以说出在幼儿园先做了些什么事情后做了些什么事情，在家中又先后做了什么事情。但是，大多数孩子还不能准确地理解什么时间应该上床睡觉，什么时间应该起床吃饭、去幼儿园。所以，我们时常会看到这一时期的孩子出现这样的情况：孩子早上赖床，不愿意起来；到了吃饭的时间，孩子却一直在外边玩耍，不肯回家；到了晚上十点钟，孩子还不愿意睡觉。

接下来是6岁左右的孩子，他们虽然已经能够掌握了大人常用的时间词汇，比如1分钟、1个小时等。但是他们仍然不会认识钟表，对于1分钟、10分钟大约是多长时间没有什么感觉。比如当孩子磨磨蹭蹭地吃饭、穿衣服的时候，你如果告诉他"你只有5分钟的时间""你10分钟不做完这些事，就如何如何"的时候，实际上这样的话对他们来说是没有任何效果的。最好的做法是，给孩子准备一个闹钟或是钟表，让他知道时针分针指到哪个地方就是5分钟、10分钟；或是在时间快到的时候，父母要提醒孩子做某件事情。

而孩子7岁之后，对于时间的认知就会有一个飞跃。他们

已经能够认出时钟上的时间,说出现在是几点几分,知道1个小时是多少分钟、1分钟是多少秒。但是,即便如此,孩子做事情还是有些磨磨蹭蹭,不管做什么事情都是慢腾腾的;或是他们并不能专注在所做的事情上,一会做做这个,一会弄弄那个,等过了一大段时间后才匆匆忙忙地做接下来的事情。

这种情况直到八九岁的时候才有所改善,这个时间段的孩子会比之前更懂得遵守时间,做事情也比以前快得多。除了个别养成拖延习惯的孩子外,大部分孩子都能按时快速地完成父母交给他任务。

这位科学家的研究恰好说明了培养孩子时间观念的重要性。

虽然说孩子的时间观念是逐步形成的,由于年龄的限制,在8岁之前很难准确地管理时间,并且避免不了做事磨蹭的行为。但是,好习惯是从小就养成的,如果父母没有给予正确的引导和教育,那么孩子就会养成不良的生活习惯,习惯了拖延。

一旦这种习惯养成了,即便他能够正确地认识时间,也没有办法高效地做事了。那么,父母应该如何让孩子有时间观念呢?

## 1. 让孩子看见时间的流逝

想要让孩子管理好自己的时间,就必须让他知道时间是宝贵的,时间是会飞逝的,一旦失去了就永远也无法找回来。对于较小的孩子,让孩子"看见"时间的流逝是最好的办法。

父母可以给孩子戴一块手表，让他看着秒针和分针的转动，也可以利用手机中的秒表倒计时，让孩子在事前和事后观察时间的变化。比如，父母可以让孩子通过手表和秒表计算自己吃饭用了多少时间，穿衣服用了多少时间，做作业用了多少时间。

这种方法就是把看不见摸不着的时间物化成滴答转动的时分秒指针，让孩子看见时间的流逝。这不仅可以提高孩子认识时间的兴趣，更可以有效地让孩子知道时间的意义。久而久之，孩子自然就会体会到时间的宝贵，知道失去的时间永远也没有办法再回来了，从而养成珍惜时间的好习惯。

## 2. 通过故事、寓言，让孩子知道时间是宝贵的

而对于较大一些的孩子，父母可以给孩子讲一些关于时间的故事，比如《等明天》《寒号鸟》这样的寓言，或是一些名人珍惜时间的故事，让孩子知道时间是世界上最宝贵的财富。

时间的流逝是无影无踪，又快又令人无法察觉。一部分大人尚且无法好好地珍惜时间，更何况是没有明确时间概念的孩子。

所以，身为父母一定要好好地引导孩子，让他们及早地意识到时间的宝贵，并且引导孩子养成珍惜时间的好习惯，使他们成为善于管理时间的好孩子。当孩子先人一步形成这种意识的时候，自然就比其他人更优秀了。

## 5.

# 拖延是种"态度病"，得治！

有多少孩子做事情是爽快利落的？有多少学生放学后能够积极高效地完成课后作业？又有多少孩子每天做事情拖拖拉拉，无形中浪费掉了很多宝贵的时间？

相信大部分孩子都有拖延的毛病，没有养成珍惜时间、快速高效做事情的好习惯。只是有的孩子症状轻一些，有的孩子则更重一些。

小菲做什么事情都习惯一拖再拖，口头禅就是"等一会儿""我一会就去"，结果，一会过去了，谁也没有见她行动。生活上的不良习惯直接带到了学习上，造成她没有养成主动高效学习的好习惯。

每天放学后，她总是在外边玩够了才回家，回家之后不是马上写作业，而是先看电视、玩玩具、吃东西，最后在父母催促下才想起来写作业；写作业的时候她也不够认真，一道练习题做十几分钟也做不完。因为她的心思根本不在做题上，不是想着明天和同学出去玩，要不就是东看看西望望，一会喝水一会上厕所……

就是因为小菲这孩子做事情磨蹭得很，所以时间浪费了不少。

事实上，拖延是一种病，如果父母纵容孩子的这样行为，不仅让孩子白白地浪费大好的时间，还会给孩子的将来带来很大的危害。正如美国哈佛大学人才学家哈里克所说："世上有93%的人都因拖延的陋习而一事无成，这是因为拖延能杀伤人的积极性。"

对于成长中的孩子来说，拖延的害处是很大的，它会让孩子的学习和生活一团糟，还可能导致懒惰、消极心理的产生。父母应该让孩子知道拖延的危害，并且改变自己的教育方式，让孩子改掉拖拖拉拉的坏习惯。

那么，是什么原因导致孩子拖延呢？父母们不妨了解一下：

## 1. 缺乏时间观念，做事情缺少计划性和条理性

导致孩子拖延的最重要的客观原因就是孩子缺乏时间观念，做事情缺少计划性和条理性。如果孩子没有时间观念，那么他们就意识不到一个小时完成作业和两个小时完成作业的区别，更意识不到自己拖拖拉拉的行为会带来时间的浪费。所以，孩子们就会放任自己的拖延行为。

## 2. 注意力不集中也是孩子拖拉的主要原因

孩子做事时喜欢东看西看，一边喝水、一会上厕所，导致无法专注地做事，自然就无法提高效率了。

父母应该给予孩子正确的指导，注意孩子专注力的培养，让孩子从小就养成专心做一件事情的好习惯。比如不要让孩子一边吃饭一边看电视，一边玩游戏一边吃零食。父母不要在孩子专心

做某件事情的时候，在一旁大声说话。

### 3. 父母不要总是催促孩子

凡是拖延的孩子，往往都有一个性格急躁、期望值太高的父母。在平时生活中，这些父母总是不断地催促孩子，要求孩子严格按照自己的要求做事，或是强制孩子完成他们规定的目标。这样一来，孩子完全被父母推着走，被动地做着某些事情，从而产生无助、反抗的情绪，只能用拖延来对抗父母的强势。

这时候，如果父母看不到孩子无言的反抗，继续催促孩子，那么孩子就会越来越拖延，越来越消极。所以，父母要注意自己的言行，不要总是催促孩子。

## 6.
## 养成良好的作息习惯，合理把握时间

很多时候，孩子没有合理地把握时间，没有在正确的时间做出正确的事情，或是在大人明确告诉他们要快些行动的情况下还拖拖拉拉，是因为他们并没有养成良好的作息习惯。

尤其是只有几岁的孩子，随性心理非常严重，平时想干什么就干什么，想怎么做就怎么做，在这种情况下他们才不管大人是否着急、时间是不是来得及。如果父母们没有及时约束他们的行为，给他们制订合理的作息时间表，让孩子养成规律的作息习惯，那么孩子的时间意识就是混乱的，做起事情来自然就会拖延、随意散漫了。

生活中，很多父母工作比较忙，把孩子交给爷爷奶奶、姥爷姥姥照看。而老人家又比较纵容溺爱孩子，让孩子想做什么就做什么，所以导致孩子没有一定的约束性，更没有养成良好的作息习惯。

还有些父母认为，孩子就应该无拘无束、天真烂漫，没有必要给孩子规定这规定那，如此，孩子的思想才能收放自如，生活才能更加自由自在。于是他们对孩子采取了放养的态度，以至于孩子养成了很多不良习惯。一个叫男男的男孩就是如此。

男男的爸爸妈妈工作很忙，孩子是由爷爷奶奶照顾的。人们常说隔辈亲，老人对宝贝孙子自然是疼爱有加、有求必应，什么事情都依着孩子，生怕孩子受了什么委屈，就更别说要约束和管制他了。

在这种无拘无束的环境下长大，男男比其他孩子更加任性，生活也没有规律可言。虽然男男已经上了幼儿园，可早上从来都是睡到自然醒，想什么时候起床就什么时候起床。爷爷奶奶觉得孩子就应该睡到自然醒，这样才有利于身体健康。至于上学迟到一会，这没有什么关系。所以男男每天都是9点多才到幼儿园，这时候其他孩子早就吃好饭了，老师也已经上课好长时间了。每次老师和爷爷奶奶谈话的时候，他们都会说："幼儿园也没有什么好学的，孩子的健康是最重要的。"

而且男男非常贪玩，每天下午在公园不玩尽兴是不回家的。爷爷奶奶一催促，他就会耍脾气，而老人为了让孩子高兴

也就随他去了。所以，时常会出现这样的情形：很多孩子在一起玩，到了吃饭的时候，其他孩子都回家了，男男却不肯离开，直到天黑了或是七八点的时候才回家。

男男做作业更是随性了，本来幼儿园就没什么作业，不过是认认简单的生字、拼音，念一下儿歌之类的。可是这也让大人们头疼不已，爷爷奶奶总是催好几次他才肯做作业。而有时候，男男在外面玩得太晚了，爷爷奶奶就干脆不让孩子写作业了。

这样一来，男男不仅没有时间观念，生活习惯也非常糟糕。不禁让人担心，这样的孩子到了上小学的时候，将会面临怎样的情景？

生活中有很多孩子像男男一样，想做什么做什么，没有良好的作息习惯，也没有规律合理的生活。而这对于孩子身心的发展是非常有害的，不仅会让孩子缺少时间观念，促使他养成懒散、拖延等坏习惯，还会使其缺乏纪律性、专注力。因为他们吃饭、睡觉、读书、玩耍都是不按照正常规律进行的。

作为父母，要给孩子定规矩，让孩子养成良好的作息习惯。可以做到以下几点：

## 1. 让孩子有规律地生活

我们说，万事万物都有自己的规律，人也是如此。该睡觉时就好好睡觉，该休息时就好好休息，该工作学习时就好好地工作学习，该游戏休闲的时候则痛快地玩耍，这样的生活作息习惯才

能有利于人们的身心健康。

不仅仅是大人需要合理地管理时间，过有规律的生活，孩子们更是如此。这是让孩子养成时间观念、合理利用时间的最有效途径。

比如，父母要给孩子们制订规则：什么时间起床，起床穿衣需要几分钟时间；什么时间吃饭，吃饭需要花多长时间；放学后休息几分钟要做作业，而作业需要花多少时间完成。当然了，这需要根据孩子作业的多少和难易程度来具体设定，每天或是每隔一段时间要对其进行调整。但是要保证孩子能够高效快速地完成作业，避免孩子不专心、磨洋工；还有就是父母要规定孩子每天可以看多少时间电视，几点必须上床睡觉。

父母们要让孩子把作息时间固定下来，并且坚持下去，形成一种习惯，如此孩子才能养成好的作息规律，并且能够做到明确地认识、支配时间。

## 2. 帮助孩子制订合理的作息时间表

父母可以帮助孩子或是和孩子一起制订一个作息时间表，把孩子每天的时间都安排好。

比如说，规定孩子晚上 9 点 30 分睡觉，9 点 20 的时候做准备工作：5 分钟洗脸、刷牙，然后准备好明天的衣服，整理好书包文具，最后准时上床睡觉。

父母应该注意，在孩子睡觉前，不应该让孩子做激烈的运动，或是打骂、训斥孩子，这样会刺激孩子的大脑，让他很难尽快入睡。

同时，父母千万不要让孩子太晚睡觉，因为晚上 11 点之后是孩子生长激素分泌最旺盛的时间，晚于这个时间睡觉不利于孩子的健康。孩子睡觉时间最晚不能超过 10 点 30 分。只有晚上早早睡觉，保证睡眠质量，孩子第二天才能早早起床、精力充沛，以迎接第二天的学习和生活。

而早上的起床闹钟应该定在 7 点左右，要求孩子花 5 分钟穿衣、5 分钟洗脸及刷牙，10 到 15 分钟吃早饭，然后孩子就可以准时上学了。最好不要让孩子养成赖床的习惯，这对于时间管理没有任何好处。

其实，作息时间表是很好制订的，很多教育类书籍上都有范本，网络上也有很多相关内容，但关键在于父母们是否能让孩子坚持下来，促使他把这个行为转化为良好的习惯。一旦孩子三天打鱼两天晒网，或是父母因为孩子的软磨硬泡而放纵孩子，那么即便制订再好的时间表也是白费功夫。

# 7

## 多给孩子自由支配的时间

善于管理时间的孩子，可以在有限的时间内做很多事情，而不懂得管理时间的孩子，则只会浪费更多的时间。正因为如此，父母要从孩子小时候就开始培养他们的时间意识，让孩子学会合理地支配时间。

可很多父母却并不相信自己的孩子，认为孩子还很小，会控制不住自己，从而做出很多浪费时间的事情。比如做事不专心、偷懒，做事磨蹭等等。于是为了让孩子更好地利用时间，父母便把掌控时间的权力完全捏在自己的手中，不是在一旁督促孩子做这做那，就是要求孩子严格按照自己的安排来做，以至于孩子彻底失去了支配自己时间的权利。

可事实是，父母越是这样做，孩子就越没有时间观念，就越不懂得如何支配自己的自由时间。我们看看贤贤和君君的经历就明白了。

贤贤是一个8岁的男孩，爸爸妈妈对他非常宠爱。为了让孩子更好地成长，妈妈会时刻陪在孩子身边，为孩子安排好所有的事情。等到孩子上小学的时候，爸爸妈妈更是紧张得不得了。为了让孩子好好学习，不浪费时间，他们恨不得每时每刻都在孩子身边监督、提醒。不仅如此，妈妈还为贤贤制订了详细的时间计划，包括每天花多少时间学习，每天几点起床、几点睡觉，以及花多少时间休息娱乐等等。总之，不管是学习上还是生活上，妈妈都给予了贤贤无微不至的关怀，甚至连他休息时间做什么事情看什么电视节目都来指手画脚。

贤贤的老师知道了孩子的状况，便找贤贤妈妈谈了一次话，希望她能给孩子一定的自由。可贤贤妈妈却说："我担心孩子自控能力差，不能好好地支配自己的时间，白白浪费了时间。我帮助他安排好了时间，孩子按照这个计划做下去，岂不是节省时间又高效？"

可老师却说："贤贤妈妈，现在孩子已经长大了，应该有

支配自己时间的权利和能力，否则他永远也不知道怎么管理自己的时间。贤贤虽然平时表现不错，能够很好地完成老师交代的功课，可是一到自习课时间就摸不着头脑了。他根本不知道如何安排自己的时间，更不知道应该做什么事情。这对孩子的成长是非常不利的。"

　　贤贤妈妈听了老师的话，思考了很久，可还是没有拿定主意。直到有一天，贤贤的同学君君来家里玩，她才真正改变了自己的想法。那天是周六，君君来找贤贤去公园玩，于是贤贤妈妈问："你作业做完了吗？怎么自己出来玩了？你父母同意了吗？"君君说："这个时间是我是可以自由支配的，自己想做什么就做什么，不用爸爸妈妈管。"贤贤妈妈对此非常不理解，这个孩子的父母怎么对他这么放心呢？难道就不担心孩子过于放任自己吗？

　　之后，她向君君妈妈请教了这个问题，君君妈妈说："我们时常担心由于孩子贪玩而浪费时间，所以不肯给孩子支配时间的权利。可是这样做是错误的，你越是控制孩子的时间，孩子就越学不会管理时间。从君君5岁开始，我就尝试给他自由支配的时间，开始的时候他确实不知道怎么利用这些时间，不是疯玩就是发呆。可是慢慢地，他学会了如何规划自己的时间，什么时间该读书，什么时间该玩游戏。既然他连自由的时间都可以规划好，那么管理学习和生活的时间就更没有问题了！"

　　直到这时，贤贤妈妈才认识到自己的错误，自己不应该控制孩子的时间，而是应该多给他自由支配的时间。这样一来，孩子不仅会锻炼自己管理时间的能力，还可以获得更多的乐趣。

虽然孩子确实有浪费时间的行为，但是这并不是父母完全不给孩子自由时间的理由。想要孩子能够有时间观念并且合理地管理时间，父母就应该尝试让他们有支配自己时间的自由，否则，孩子永远也学不会管理自己的时间。

但遗憾的是，很多父母像贤贤妈妈一样，没有给孩子足够的可自由利用的时间。据一项调查显示，生活中，每个孩子每天可支配的自由时间只有 68 分钟。就是因为孩子们的时间都被父母控制和安排了，所以他们才会完全失去了自由和自我，变得越来越懒散消极，也越来越失去了独立做事的能力。

所以，聪明的父母应该做到以下两点：

## 1. 让孩子自主安排自己的活动

当孩子有自由支配时间的时候，他们就会尝试自主安排活动，不管是聊天嬉戏也好，还是静静地发呆，或是玩游戏。在这个过程中，孩子的自身能力得到了提高，独立性和思考能力得到了发展，时间长了，他们也就慢慢地懂得了如何掌握时间、支配时间。

所以，父母不要完全控制孩子的时间，也不要事无巨细地给孩子安排，让孩子自主安排自己的活动。

## 2. 自由是有限制的，父母不能过于放纵孩子

当然，自由并不是无边际的，也不是不受制约的。给孩子自由支配的时间，并不意味着对孩子放之任之，父母应该在日常生活中多指导孩子如何有效地利用时间。这并不是对孩子指手画

脚，而是给孩子指出一个方向，让他知道如何去做。

同时，不同年级的儿童，自控能力和做事能力也有所不同，父母应该根据孩子的能力来分配自由时间。简单来说，年龄小的孩子，父母要给他少一些自由时间；而年龄大一些的孩子，父母给予的自由时间应该多一些。

自由支配时间是儿童实现自我和表达自我的机会，更是孩子各方面能力得到锻炼和提高的机会，一旦父母剥夺了孩子自由支配的时间，就等于剥夺儿童成长和发展的机会。所以，父母们请转变自己的观念吧！多给孩子一些自由支配的时间，如此孩子才能发现生活的乐趣，并且健康自然地成长。

## 8.

## 孩子心里也着急，父母就别催促了

很多父母觉得孩子做事情拖拖拉拉是故意的，事实并非如此，尤其是对于那些年龄比较小的孩子来说更是如此。这些孩子穿衣服慢可能是因为手脚配合不是很灵活，吃饭慢则是因为拿筷子勺子还不算熟练稳固。

其实，这个时候孩子们也很想快点行动，但是就是快不起来，所以他们心里也非常着急。如果父母不能体谅他们的苦衷，还一再不耐烦地催促或是大声训斥他们，他们的内心就会变得更加着急。这样一来，原本能够做好的事情，他们也做不好了；原本花 10 分钟就可以完成的事情，他们可能需要花费更多的时间才能完成。

这是因为当一个人内心变得急躁起来的时候，手脚就会不听使唤；越是手脚不听使唤，人们内心就越焦急不已，导致行动变得更慢，从而形成一种恶性循环。大人都如此，就更别说年龄小的孩子了！

对于很多孩子来说，当父母催促他们"快一点儿"的时候，他们内心要比父母更着急，只是心有余而力不足。事实上，父母越是催促，孩子的行动就越慢，因此父母应该耐心地对待孩子，多鼓励和引导，少催促和打击。

小林今年上幼儿园大班了，是班里有名的"磨蹭郎"。上课的时候，老师让小朋友们学习写字母，下课时间到了，其他小朋友都写完了，可是他还有一大部分没有写完。放学的时候，小朋友们都收拾好了书包，等着家长来接，可是小林却总是慢腾腾地，书包里面的课本收拾得乱七八糟的，还时常丢铅笔、橡皮。

老师经常向妈妈反映，说小林做事磨蹭，行动总是慢吞吞的。一天放学的时候，老师又对妈妈说："今天吃完饭的时候，小林没有吃多少东西。因为下课后，老师就让大家收拾书包，然后排队去上厕所。可是大家都排好队了，小林还没有收拾好书包。老师只好先带着其他小朋友上厕所，让他一个人收拾书包。等到其他小朋友开始吃饭的时候，他才要求去厕所，然后回来就没有吃太多东西。"

回到家之后，妈妈生气地对小林说："你为什么每次都比

别人慢，总是拖后腿！"小林也很委屈，生气地说:"我也想要快点行动啊！可是我就是快不起来，你以为我不着急啊！"妈妈听了孩子的话，开始意识到孩子并不是故意磨蹭的。之后她开始观察孩子，寻找孩子行动慢的原因，之后她才明白，小林之所以比别的孩子慢半拍，是因为年龄比较小，动手能力不足。小林比别的孩子都小半岁，自然不能跟上别人的节奏了。

为了让孩子快起来，妈妈开始培养孩子的动手能力，锻炼孩子自己穿衣、吃饭、整理书包。除此之外，妈妈还在刻意锻炼小林手脚的灵活性，让孩子多做一些搭积木这样动手的游戏。妈妈还时常和孩子进行比赛穿衣服、比赛整理书桌等游戏，锻炼孩子做事情的速度。慢慢地，小林的动手能力增强了，做事也变得快起来了。

所以，当孩子做事情比较慢的时候，父母不要一味地催促，而是应该弄清楚孩子为什么会慢。

其实，导致孩子做事慢的原因有很多，有的孩子是因为年龄小，行动能力不足，想要快些行动却心有余而力不足；有的孩子则是遇到了困难，自己解决不了，才出现了卡壳的情况；还有的孩子则是受到了爷爷奶奶的影响，因为他们一直和老人生活，养成一种慢节奏的生活习惯，之后再和父母生活的时候，无法很快适应快节奏的生活习惯。

不管是出自以上哪一种原因，孩子磨蹭都不是故意的。对于磨蹭的坏习惯，父母们着急，他们内心则更是着急。这时候，父母就应该给予孩子耐心的引导，帮助孩子慢慢地改变自己。

## 1. 锻炼孩子自理能力和动手能力，以及身体协调能力

想要孩子改掉行动慢的坏毛病，父母应该多锻炼孩子的自理能力和思维能力，以及身体协调能力。

对于四五岁的孩子来说，他们的手脚还不太灵活，虽然已经学会了穿衣服、洗脸、刷牙，但是动作比较慢。父母应该耐下心来，反复训练孩子的动手能力，加强他们动作的熟练程度，而不是不断地催促孩子快一些，或是直接上手帮助孩子完成这些事情，这样对于孩子加快速度是没有任何帮助的。

同样，对于刚上小学的孩子来说，写生字、算数学、背课文的速度肯定是比较慢的，因为他们刚刚接触这些知识，能力还有欠缺的地方。父母应该多给予孩子帮助，耐心教给他们写字的技巧，让孩子多加练习，时间长了，孩子自然就会提高做事的效率。

## 2. 看到孩子的进步，给予孩子肯定和支持

父母要看到孩子的进步，更要让他们看到自己的进步，这样才能给予孩子肯定和鼓励。父母可以让孩子和同龄孩子比赛，也可以让他和自己比赛。

同时，父母要针对孩子的自身特点，帮助他制作一个进度表，记录他做某些事情的实际时间，让孩子看到自己的进步和退步。

当孩子超越别的孩子，或是原来的自己时，父母就要给予孩子肯定和鼓励。一旦孩子退步了，父母也不要着急，更不要批评

孩子，而是要给予他耐心的指导和引导。

总之，孩子做事情比较磨蹭，行动比较慢，或许只是一个习惯的问题，也可能是能力的问题，但绝不是智商的问题，更不是性格的缺陷。作为父母，要对孩子有耐心，只要能够给予孩子正确而又合理的引导，他们自然就可以改掉这个毛病。

## 9
## 自我管理，从合理支配时间开始

要做好自我管理，合理支配时间是关键。有的父母可能会觉得，孩子年龄还小，没必要早早就开始学习这些，等他以后长大懂事了，这些事情自然也就会了。

其实不然，事实上时间观念的培养是一个非常复杂且漫长的过程，它不仅仅包括对时间的认知，更重要的是在于培养孩子对时间的把握和感觉。一个具有良好时间观念的孩子，在做事情的时候通常都能做到井井有条、主次分明，并懂得如何将时间最大化地合理运用起来。而这种能力并不是与生俱来的，它与父母的引导和教育息息相关。

时间就是生命，谁能把握时间，谁就把握住了生命。所以，如果希望孩子成为时间的主人，做好自我管理，那么父母就要从小培养孩子时间管理的能力，教会他如何合理地支配时间。这项能力将会使他受益终身。

最近一段时间，孙鹏每天都挂着两大个黑眼圈，上课也毫无精神，有时听着听着就趴到桌子上睡着了。

老师觉得很奇怪，便在课后把孙鹏叫到了办公室，问他说："孙鹏，怎么回事？这几天没睡好吗？怎么老是打瞌睡？"

孙鹏无精打采地点了点头，回答道："可能是晚上睡太晚了，所以总感觉睡不够。"

老师疑惑地问道："那你为什么睡这么晚？最近提倡要'减负'，作业可比从前少多了，你晚上都在干什么呢？"

在老师的追问下，孙鹏扭扭捏捏地说出了实话。原来每天五点半放学之后，孙鹏都会拐去学校外头的租书社，挑几本自己喜欢的漫画，然后才慢悠悠地走去公交站台等车。

按照孙鹏家和学校的距离，如果骑自行车，孙鹏每天只需要花费十五分钟就能到家了，但他嫌骑车累，所以一直都是坐公交车回家。公交车正常行驶大概需要十分钟左右，但放学时间也是下班高峰期，经常会发生堵车的情况，一堵车，差不多得多花十几分钟。而且，公交车站距离孙鹏家还有一段距离，他下车之后还得再走十几分钟才能到家。

回到家以后，孙鹏通常会先"放松"半小时，翻翻租来的漫画，然后差不多就该吃饭了，吃完饭之后还会蹭到爸爸身边，和他一起看会儿新闻。等到他终于准备做作业时，已经是晚上八点多了。

原本老师一直都强调，让同学在做作业之前，先把白天讲课的内容回顾一遍，尤其是新学的公式、定理，复习一遍之后再开始做题会更有帮助。但孙鹏为了"节约"时间，往往会跳过这

一环节，直接开始做作业。结果，在做作业的途中，因为对公式、定理不熟悉，不可避免地经常会出现卡壳现象，孙鹏又得去翻书……就这样，翻来翻去，左拖右拖，时间都被浪费掉了。因此，每天不到十二点，孙鹏基本上没有上床睡觉的可能。

孙鹏每天需要做的事情其实并不多，而且他也有绝对充裕的时间，但因为他不懂得合理支配时间，使得时间都浪费在了毫无意义的事情上，所以孙鹏才把自己弄得手忙脚乱、筋疲力尽。可见，培养孩子管理时间的能力是多么重要啊！

通常来说，从幼儿阶段开始，父母就可以着手培养孩子的时间观念了。在这一时期，孩子虽然还没有明确的时间观念，但却已经开始形成一些固定的行为习惯，因此，父母可以通过采取一些技巧，来帮助孩子养成珍惜时间的好习惯。比如当孩子做事磨蹭的时候，父母可以通过引导的方式告诉他，只要能迅速做完这件事，便能拥有更长的游戏时间。或者直接给他规定一些做事的时限，让其在这一时间范围内完成，比如规定必须在家长数十个数的时间内穿好鞋等。

孩子越小，培养习惯越容易，所以，父母应该把握机会，从小培养孩子珍惜时间、善用时间的好习惯。

## 1. 集中精力，才能提高效率

很多孩子做事之所以拖拖拉拉，效率上不去，归根结底是因为他们在做事的时候不够专心，总是三心二意。这种行为是极其愚蠢的，不仅大大降低了做事的效率和质量，还在无形中浪费了

大把的时间，结果做事也做不好，玩也玩得不畅快。因此，父母一定要监督孩子养成做事专心的好习惯，让他学会把做事和玩乐分开，不可一心二用。

## 2. 让孩子品尝浪费时间的苦果

孩子不懂得珍惜时间，是因为他们并不清楚浪费时间对他们会有什么影响。父母不妨试着让其自己去承担某些耽误时间后造成的苦果，让孩子在切身体会中吸取教训，学会珍惜时间。

## 3. 利用计时器，改掉拖拉坏习惯

要改变孩子做事拖拉的坏习惯，计时器绝对是个好帮手。在做事情的时候，父母可以根据事情的难易程度来给孩子规定时间，然后利用计时器来监控他的完成进度。这样做一方面能够帮助他树立时间观念，另一方面也能合理安排时间，提高孩子的做事效率。

## 4. 制订一个时间安排表

为了更直观也更方便地管理时间，父母可以根据实际情况，和孩子一同商议，制订一个详细的日常生活时间安排表，然后按照安排表的计划来完成每天需要做的事情。通过这样的方法，不仅可以让孩子直观地看到自己每天在时间支配上的缺点和不足，还能帮助他提高做事效率。

## 第二章

# 时间永远不会等人

### ——营造氛围，让孩子对时间有感觉

**02**

　　很多时候，孩子做事情拖延，并不是有意而为之，而是真的不知道这样做会让时间流走。所以，父母应该给孩子营造良好的家庭氛围，从生活的各个方面灌输给孩子时间宝贵的观念。当孩子明确地知道时间的真正意义时，就不会再做出浪费时间的事情了。

## 1.

# 记录好自己的"时间开销"

对于每个人来说，时间都是最宝贵的东西。可是，人们总是在有意无意间浪费掉大把大把的时间，他们每天看似在忙碌中度过，却没有做什么有价值的事情，直到最后才发出这样的感慨：我的时间究竟到哪里去了？

成人是如此，时间观念淡薄的孩子更是如此！很多时候，孩子会因为懒惰、拖延等行为浪费掉很多时间，更多时候，他们也不知道自己的时间究竟浪费在哪里了？他们按照自己的节奏做事情，按照自己的计划安排时间，可是即便如此，时间管理还是没有太大的效果。

究其原因，可能是他们在正确的时间做了不该做的事情，或是花了大量的时间做了没有意义的事情。

那么如何才能让孩子们杜绝这样的行为呢？

前苏联科学家柳比歇夫给出了人们正确的答案。对于这个名字，懂得时间管理的父母肯定并不陌生，或许很多父母还运用过他的方法和技巧来管理自己的时间。事实上，柳比歇夫管理时间的方法很简单，那就是记录下自己每天的时间开销。

柳比歇夫从 26 岁就开始做这件事情了，他像记账一样记录下每天的时间开销，包括在什么时间做了什么事情，做某件事情花费了多少时间。然后，他会分析这些时间内所做的事情是不是重要的、有意义的，是不是必须要做的，分析这些时间哪些是被浪费掉的。最后，他会再根据之前的分析来调整自己的计划，重新安排自己的时间。

在 30 年的时间内，柳比歇夫孜孜不倦地做着这件事情，定期对自己的时间安排进行分析和总结。正因为如此，他的一生都在做有意义、有价值的事情。他笔耕不辍，利用几十年的时间完成了 70 多本著作，而这是很多人都无法比拟的。

这种方法真的非常简单，简单来说，就是记录每天时间开销、分析时间、去掉浪费的时间，最后重新安排时间。这样的方法可以让孩子节省很多时间，利用有限的时间做有价值的事情。

那么，父母如何引导孩子记录自己的时间呢？

## 1. 针对孩子的实际情况进行记录

对于那些没有时间观念、喜欢拖延的孩子来说，父母应该让他们记录得越详细越好。父母可以让孩子在晚上回忆一整天所做的事情，然后不管大小全部记录下来。

如果孩子年龄小，回忆所有事情有难度，父母也可以让孩子采取随时记录的方式，把每天所有的事情都记录下来。

而对于那些年纪较大的孩子，或是开始懂得管理时间的孩子来说，父母可以建议孩子采取部分记录的方法，就是让孩子记录

一件或是几件比较重要的事情，或是记录自己容易忽视、浪费时间的事情。

## 2. 进行分类

不管是事无巨细的全记录，还是只记录重点的部分记录，父母都可以让孩子把时间分为几个类别，比如生活、学习、休闲、其他等等。

生活可以记录睡觉、吃饭、洗漱、整理房间等等；学习可以记录阅读、课后作业、课外作业等；而休闲可以记录看电视、休息、兴趣爱好等等。至于其他就是偶然发生的事情，比如朋友突然来访、生病等。

## 3. 让孩子知道自己的时间花在哪里

记录下每天的时间开销，并且养成习惯之后，孩子们就可以知道每天的时间都花在哪里了，自己在哪些时间做了有价值的事情，自己在哪些时间做了不该做的事情，哪些时间的花费是必须的，而哪些时间是被白白浪费的。

孩子们还可以知道，自己在哪一段时间可以高效地学习，哪一段时间精力不足、状态不好；在哪一段时间自控力比较强，在哪一段时间自控力比较差。如此下来，孩子们就可以在状态好、自控力强的时间段做有价值的事情，在状态不好、自控力差的时间段休息、娱乐，避免在正确的时间做错误的事情，而白白浪费了时间。

同时，通过记录时间开销，孩子们会知道自己有多少时间花

费在看电视、玩游戏上，或是与人争吵等繁杂琐事上；哪些事情本来花 20 分钟就可以做完，结果因为拖延而花费了 1 个小时。

## 5. 找到时间浪费的原因

对于每个孩子来说，浪费时间的原因都不一样。

比如有些孩子注意力不集中，容易被外界因素影响，习惯一会儿做这个一会儿做那个；而有的孩子则比较懒惰，把大把时间浪费在休息、玩游戏上；还有的孩子习惯拖拖拉拉……

父母们教会孩子如何记录自己每天的时间开销，就可以让他们意识到时间是多么无情的，会不知不觉地从他们身边溜走。更为重要的是，父母可以帮助孩子找到浪费时间的根据，从而促使孩子改掉不良习惯，好好地管理好自己的时间。

## 6. 一定要养成习惯，把时间记录变成长期的习惯

记录时间开销真的是让孩子懂得珍惜时间和管理时间的好方法。

不过有必要提醒一下父母，让孩子记录时间应该是长期的事情，而不是一时兴起。只有孩子们养成了良好的习惯，才能更好地管理好自己的时间。

# 2.
# 将孩子的行动与时间联系起来

很多学龄前儿童没有时间观念，不知道时间是会流逝的，也

不知道什么时间要做什么事情。所以很多孩子晚上十一二点还不睡觉，第二天早上闹钟也叫不起，或是做事情不紧不慢、磨磨蹭蹭，完全按照自己的节奏来走。

而到了小学阶段，虽然孩子们已经学会认识钟表，对于时间有了一定的概念，比如知道星期一有哪几堂课，上午上了哪些课程，知道按时完成作业和交作业的期限，知道上课铃声响了需要进入教室，等等。但是这些孩子还是会出现上学迟到、做作业拖延、浪费时间的行为，需要父母在一旁不时地给予提醒。而有些时间观念差的孩子更是糟糕，他们睡觉需要大人催促，早上起床需要大人叫醒，做事更是需要大人在一旁看护。

不得不说，虽然这些孩子有了时间意识，但是还不知道时间是宝贵的，不懂得如何管理自己的时间。所以，当父母提醒他们不能浪费时间的时候，他们不是不愿意按照父母所说的去做，而是并不知道怎么去做。

这是因为父母给予孩子的指令太笼统了，没有把节省时间和具体的行动联系起来。就好像父母如果提醒孩子"不乱丢玩具""走路不要东张西望"，他们会按照父母的要求去做。可是如果父母只是提醒孩子"好好管理时间""不要浪费时间"，他们就不知道如何去做了。

正因为如此，父母不能只是笼统地教孩子"好好管理时间"，而是应该根据孩子的实际情况，把他们的具体行动和时间联系起来，让孩子能够真正建立起时间的观念。这样一来，孩子就能理解父母的要求，并且能够按要求做事了。

其实，这并不是很难的事情，只要父母提到和时间有关的内

容时，明确地告诉孩子几点应该做什么就可以了。

我们可以看看依依妈妈是怎么做的：

依依刚刚上小学，对于时间管理还没有明确的概念。为了培养孩子的时间管理能力，妈妈给她买了一个闹钟，不仅教她认识上面的时间，还刻意把时钟上的那些数字刻度和她要做的事情联系起来，让孩子更明确地认识时间。

比如，叫依依起床的时候，妈妈会说："现在7点了，到起床的时间了。我们需要10分钟刷牙洗脸。"吃早饭的时候，妈妈会说："现在是7点半，我们刚才共花了30分钟，吃饭需要10分钟，然后我们就要上学了。"到了学校门口，妈妈对依依说："现在8点整，你还有20分就要上课了，赶紧进去吧。中午11点30分的时候，我会来接你放学。"

就这样，依依妈妈把每件事情都和时间联系起来，要求孩子写作业的时候，她不是像其他父母一样催促孩子："快点去写作业，回家之后就知道玩！"而是明确地说："6点30分了，妈妈该做饭了，你也应该写作业了。今天的作业是写声母，20分钟就可以写好。20分钟之后妈妈来检查，好不好？来，把你小闹钟带上，我给你倒计时！"

如此这般，依依妈妈始终把时间挂嘴边，经常说几点孩子应该做什么了，时间长了，孩子自然就有了时间的观念。每天她做完作业之后，就会问妈妈："妈妈现在快7点半了，爸爸是不是要回家了？我们是不是可以准备吃饭了？"

和朋友约好一起外出游玩的时候，她会主动说："妈妈，明天我和丽丽约好了9点在公园门口见面，8点就必须出发。你早点给我准备早餐吧。"

看吧。时间观念已经渗透到了依依的生活之中，她已经渐渐地意识到时间的重要性，并且把自己的行动和时间紧紧地联系在一起。如此一来，当这种好习惯形成之后，孩子还会拖延并浪费时间吗？

这就是潜移默化的作用。孩子在父母的影响下，自然而然地就建立起良好的时间观念，并且逐渐地学会了如何管理好自己的时间。这样的做法要比父母不断地催促孩子"快一点，快一点，你都要迟到了！""快点睡觉，都已经9点半了，你还在那玩游戏！"的方法要好得多，也更有效得多。

那么具体来说，父母应该怎么做呢？

## 1. 精确时间，明确告诉孩子什么时间做什么事情

培养婴幼儿和小学生良好的时间意识与观念，需要的是正确的方法，还有父母耐心的指导和引导。父母们只要在日常生活中多对孩子说："现在是几点了，你应该做……"就可以了，不要总是强迫孩子、催促孩子，更不要看到孩子磨蹭就训斥打骂。

不过要注意的是，父母强调的时间必须是具体时间，必须精确到几点几分，否则孩子的时间概念就会很模糊，无法按时完成任务。

## 2. 让孩子知晓做事的顺序

父母还应该让孩子知晓做事情的顺序，应该先做什么后做什么，并且让孩子严格按照这样的顺序来做事。

比如父母可以这样对孩子说："现在是早上 8 点 10 分，我们需要先穿好衣服、吃好饭，这需要花费我们 30 分钟的时间。然后 8 点 40 分，我们就出发到商场买东西。""现在是下午 6 点整，你可以先休息 10 分钟，然后 6 点 10 分就回屋写作业。"时间长了，孩子的习惯养成了，不用父母的提醒也能做好自己的事情，并且严格遵守时间。

所以，父母要明确孩子做某件事情的时间，并且把这个方法应用日常生活上，给孩子营造良好的氛围，如此一来，孩子自然就会对时间有感觉了，自然就不会浪费时间了。

### 3.

## 不要催促，设法让孩子自觉主动行动

生活中，很多父母喜欢催促自己的孩子：

走路的时候，妈妈在前面走，孩子在后面跟着，妈妈会不停地回头催促："快点走，你怎么这么慢。"

吃饭的时候，父母嫌孩子慢腾腾的，不时在旁边催促："快点吃！一碗饭怎么吃这么半天还没有吃完。"

……

面对孩子磨蹭的情况，绝大部分父母会抱怨不已，然后接下来的反应就是催促、催促、再催促。曾经父母对待孩子是耐心呵护的，叮嘱孩子的口头禅也是"慢点走、小心摔跤""慢慢吃，小心噎着"，可现在的口头语却变成了不断地催促，"快点""快点"……

可在父母的不断催促下，孩子的行动变快了吗？

当然没有！催促并不能使孩子加快行动的速度。

事实上，很多父母都知道催促孩子是不对的行为，但是却无法改变自己的习惯。他们总是想要孩子按照自己的想法和节奏办事，一旦孩子不顺他们的心意，就开始不断地催促、责骂。其实，对于孩子来说，节奏比大人慢是非常正常的事情，孩子不愿意做作业、不愿意按照父母的吩咐做事情也是正常的事情，父母实在不应该不断地催促孩子。

另外，在父母的不断催促下，孩子在不知不觉中形成了逆反心理。父母越催促，孩子就越抵抗，故意和家长对着干。所以说，催促并不是教育孩子的最好办法，想要孩子高效地行动，最好的办法就是激发他们的自觉性，让他们主动地做一件事情。

我们来看看涵涵的故事：

涵涵妈妈是一个急脾气，做什么事情都雷厉风行，可涵涵却是个慢性子，做什么事情都慢腾腾的，总是要妈妈催促几次才肯行动。随着年龄的增长，涵涵的磨蹭行为并没有什么改进，做什么事情依然是没有效率，马马虎虎。这让涵涵妈妈非常着急，可催促又没有任何效果，究竟应该怎么办呢？

经过了一番思考之后，涵涵妈妈不禁想：既然催促没有效果，我为什么不换一个方法呢？于是她尝试着不催促孩子，而是多鼓励她，多激发她做事情的自觉性，让孩子对自己所做的事情产生兴趣。

一天，学校组织了手工比赛，涵涵也参加了比赛。可是，涵涵行动并不积极，过了好几天都没有选择自己要做的模型。这一次，妈妈没有催他快点选择，而是引导他说："涵涵，你是不是不知道选择什么？我知道你对于飞机模型很有兴趣，为什么不选择组装飞机模型呢？"这下，涵涵来了兴致，和妈妈一起到商场选择了自己最喜爱的一款飞机模型。

回到家后，他就把全部零件都集中在一个箱子里，然后开始研究图纸，准备开始组装，仅仅花费了一个小时的时间，他就组装好了飞机的四只轮子和两翼。

可是，接下来的两天，涵涵好像忘记了组装模型这件事情，每天放学后不是和同学在外面玩耍，就是坐在沙发上看电视。如果是以往，妈妈肯定生气地催促："你这孩子怎么这么磨蹭，飞机模型只组装了那么点，期限只有一个星期，还不快点去完成！"涵涵则是毫不情愿地行动，依旧慢腾腾地做接下来的事情，或许还会因为逆反心理而放弃比赛。

这一次妈妈对涵涵说："涵涵，你的模型进展怎么样了？是不是已经完成机舱、机翼了？这个模型真是太好看了！如果你能够按时把它组装完，肯定能赢得第一名！"

这时候，涵涵得意地说："那是肯定的！它的造型非常漂亮，构造也非常精致，需要10000多个零件才能组装成。我打听过了，我班同学的模型都比较简单，最多也就1千多个零件！"妈妈故意惊讶地说："是吗？那你实在太厉害了！我等着你拿第一名回来！"

接下来的几天，涵涵充满了干劲，每天放学早早就回到家，完成作业之后就开始组装自己的模型，结果仅花三四天的时间就完成了任务。最后，涵涵的模型当然获得了全校第一名！

从此之后，涵涵妈妈彻底改变了催促孩子的习惯，开始有意识培养孩子的自主行动能力，并且开始尝试激发孩子的积极性和主动性。而由于她的教育方法发生了改变，效果也比以前好多了，涵涵拖延习惯也逐渐地改掉了。

事实证明，父母越催促，孩子就越磨蹭。而如果父母改变了方法，把催促转换为激励，那么效果会好很多。

父母们要知道，孩子心里都是有小算盘的。他们知道父母的忍耐力有多长，所以会故意磨蹭，等到父母真正生气时才肯行动。

比如孩子不愿意写作业，放学回家就玩游戏，妈妈以为只要自己多催促几次，孩子就会加快行动。可是结果正好相反。当妈妈第一次催促他的时候，他一点都不在乎，因为他知道妈妈之后还会催促他，于是他根本没有行动的意思，继续玩着游戏；等到妈妈第二次催促他的时候，他知道妈妈可能有些生气了，但还是可以再玩一会的，于是嘴上答应着却依然没有行动的打算；直到妈妈第三次高声地催促之时，他知道妈妈真的发火了，再不行动就会挨揍，于是才会立刻行动。

同时，孩子还会养成父母不催就不行动的习惯，不管做什么事情都没有自觉主动的意识。更为严重的是，这会导致孩子责任心缺失，认为这些事情都是父母的责任，和自己没有什么关系。

所以，父母与其催促孩子，不如好好地引导孩子，想办法让他们自觉主动地行动。

## 4.
## 不用反话刺激孩子，要正面鼓励他

我们身边有很多这样的父母：他们看到孩子有缺点和不足，就大声地训斥，甚至是打骂，看到孩子做错事或是做事不符合自己的标准，就批评讽刺。而对于孩子的进步和努力，这些父母却视而不见，认为这是孩子应该做到的，根本不值得夸奖和肯定。

比如，孩子做事情不专心、磨磨蹭蹭，开始的时候父母还不断地催促着，希望孩子能够快一些。可是没过几分钟，他们就气急败坏地训斥道："你这孩子怎么这么不专心，心里到底在想什么？做事情磨磨蹭蹭的，还不快点做！"

孩子早上快迟到了，可还是没有加快脚步，于是父母的脾气就上来了，大声骂道："你就这么磨蹭吧！你不用着急，也不要加快速度！迟到也没有关系，反正你迟到又不是一两次了！"

如果要问这些父母为什么要责骂孩子，或是说反话刺激孩子？相信很多人会回答："我这不是为了催促孩子快一些行动嘛！否则孩子怎么能够有时间观念？"

可上面的这些想法真的对吗？这样的教育方式真的对孩子有好处吗？

答案必然是否定的。

作为父母，应该认识到：及时夸奖孩子，给予正面的鼓励和支持才是对孩子最好的教育，才能对孩子的健康成长起到正面的作用。而反话和讽刺只能是适得其反。

不妨看看艳艳的爸爸是怎么做的：

艳艳的父母都是外企白领，平时做事雷厉风行，很讲究效率，可是艳艳却是个懒散的孩子，不管做什么事都缺乏主动性。父母一让她做什么事情，她就千方百计寻找各种各样的借口，每次都要等着妈妈催促好几遍才肯行动。好几次，妈妈交代她的事情，她都是拖到了最后关头才匆匆忙忙地行动，结果把事情做得乱七八糟。

对于艳艳的情况，妈妈非常着急，也想了很多办法。可妈妈把催促、批评、责骂甚至是激将法都用上了，艳艳的情况还是没有好转。每次妈妈批评她的时候，她都毫不在乎的样子，或是口头上承认了错误，事后依旧如此。

一个周五的下午，由于学校有活动，所以放学早了些，老师也没有给孩子留很多作业。回到家之后，妈妈就催促艳艳赶紧去写作业。艳艳答应得很爽快，可就是不见她行动。过了一会，妈妈又过来催她，艳艳则说："今天的作业不多，我一会就写，您就让我先看会儿电视吧！"

妈妈着急地说："你每次都是这个样子，让你做什么都说'等

会儿、等会儿',可是哪一次你不是拖到最后时刻才肯行动?"艳艳也有些生气了,反驳道:"明天是周六,老师就留这么点作业,难道我明天写就不行吗?你为什么一直催我,烦死了!"

妈妈更加生气了,说:"好,那你就不要着急写!最好是别写了!反正又不是我上学,你以为我愿意催促你啊!你自己不写作业,成绩上不去,丢人的是你自己……"

正在这个时候,爸爸下班回来了,看到母女两人正在争吵,便当起了和事佬,说:"为什么在吵架?艳艳你先到房间待会,我和妈妈聊会儿。"之后,妈妈向爸爸说出了事情的经过,爸爸笑着说:"现在孩子长大了,你不能总是批评和责骂她,更不能用反话来讽刺她,这样只会让她更加叛逆的。我们应该多给孩子鼓励和肯定,如此孩子才愿意行动。"

说完,爸爸来到了艳艳的房间。艳艳以为爸爸会批评自己,便故意不理爸爸。谁知爸爸却说:"孩子,我以前做事也会磨蹭,因为我想多玩一会,多休息一会。可是,后来我明白了这样的一个道理:事情是我的,终究还是要我自己完成。既然这样,我为什么不早点完成,然后再尽情地休息和玩呢?你平时有拖延的习惯,我是知道的,可是却没有批评过你,因为我知道你长大了,自己会自觉地改正。是不是?"

艳艳看着爸爸,点了点头。爸爸接着说:"拖延不是好习惯,它会让我们浪费很多时间,还会让我们养成懒散的坏习惯。你是个聪明的孩子,应该知道时间的宝贵。再说,你早早完成了作业,那么周末是不是更自由了?这样就可以和朋友约会看电影,也可以自由地看电视了,是不是?"

　　最后，艳艳说："我知道了，爸爸。"于是，艳艳向妈妈道了歉，并且立即开始写作业。之后，妈妈也改变了之前教育的方法，不再训斥和用反话刺激孩子，而是多给予孩子鼓励和肯定。结果，艳艳拖延的习惯也慢慢地改掉了。

　　很多父母不知道，他们的话可以起到一种心理暗示的作用。如果孩子一直听到负面的话，那么孩子就会暗示自己"我就是拖延的人"，"父母对我很失望"，从而变得越来越磨蹭；可父母如果一直鼓励孩子，强调孩子的优点，那么孩子的注意力就会集中在鼓励和赞扬上，不断地告诉自己"我要努力""我要改掉缺点"，从而使自己变得越来越优秀。

　　父母们要知道，如果你一再催促孩子，会让孩子更加不能集中精神，并促使他产生麻痹心理，变得越来越磨蹭。而讽刺的话和反话则会严重打击孩子的自尊心和积极性，使其故意放任自己的行为。

　　时常被父母讽刺的孩子，或是被反话刺激的孩子，会产生这样的想法："你不是嘲笑、讽刺我吗？那么我就慢慢来，看你还有什么办法？"一旦孩子产生了这种心理，只会让父母口头上的违心话变为事实，时间久了，孩子就会越来越叛逆。

　　事实上，与批评、讽刺和用反话刺激相比，父母如果能看到孩子的进步和优点，并且给予他正面的肯定和鼓励，更能让他改掉拖延的坏习惯。同时，这种方法不仅能让孩子增强自信心，还能刺激孩子努力做好所有的事情。

　　比如，如果孩子写作业慢，不妨对他说："宝贝，你的字迹

很工整，写得也很漂亮。如果你能够快一些，就更好了！"这样一来，孩子就会力求做到最好，提高自己写字的速度；如果孩子做事情拖延，总是习惯说"等一会儿再做"，父母不妨告诉孩子："宝贝，你做完这件事情之后，就可以获得很多自由的时间，那么你想做什么就可以做什么了。"这样一来，孩子为了给自己赢得更多自由时间，自然就不会故意拖延了。

所以，作为父母应该给予孩子积极的心理暗示，善于及时地给予他们肯定和鼓励，而不是一味地否定和刺激孩子，更不可采取拳脚相加的暴力方式，如此教育才能更有效果。

**5.**

# 杜绝拖延症，父母要做好榜样

没有一个父母，希望自己有一个患上了拖延症的孩子。然而，很多时候，父母越是对孩子说："你再拖拖拉拉，我就揍你！""你就不能快点吗？真是太气人了！"孩子拖延症就越严重。

为什么会这样？是父母的话没有震慑力吗？还是孩子已经无可救药了？

并不是如此。事实上，如果父母发现自己的教育没有太大效果，不管用什么办法都无法让孩子改掉拖延的坏毛病，那么就应该从自己的身上找原因了。父母应该反思一下，是不是自己平时也有拖延的毛病？是不是自己做事情也喜欢拖拖拉拉？

要知道，父母的一举一动都会被孩子无声无息地复制下来，并且潜移默化地成为一种习惯。如果父母喜欢说谎，那么孩子也会养成说谎的坏习惯；如果父母脾气暴躁，那么孩子的脾气也不会好到哪里；如果父母没有时间观念，做事情习惯拖拖拉拉，那么孩子也绝不会成为干脆利落、做事有效率的人。

所以，想要孩子杜绝拖延症，那么父母就必须为孩子做好榜样。

娜娜是个乖巧的女孩，聪明可爱，也懂得关心父母。和其他父母一样，爸爸妈妈对于孩子的教育非常重视，希望娜娜可以学业有成，将来成为出色的人才。娜娜的父母平时会注意自己的教育方式：只要孩子成绩好了，爸爸妈妈就会给予她奖励；如果孩子成绩下滑了，他们就会批评孩子，并督促孩子努力学习。

所以娜娜平时表现很不错，可就是有一个毛病，做作业爱拖拉，每天10点多还完成不了作业，周末作业非要等到周日晚上才抓紧时间赶出来。为了这个问题，妈妈批评了她很多次，可是她依然没有改掉这个坏习惯。

一天，妈妈去接娜娜放学，被班主任留下了。班主任说："娜娜这次作业完成得非常潦草，很多不应该错的题都做错了，显然是没有认真完成的结果。娜娜妈妈，你应该多关注孩子一下，不能让她总是敷衍了事。这孩子有拖延的毛病，这是非常不好的习惯，对成绩的提高有不利的影响。"

回到家之后，妈妈生气地说："你怎么屡教不改！和你说过多少遍了，不要总是拖到最后再匆忙赶作业，要先完成作业

再做其他事情，你为什么就是不听呢？每次都是拖到很晚才行动，然后匆匆忙忙地赶工，作业质量怎么能高？成绩怎么能提高上去？你这是和谁学的竟然养成了拖延的毛病？"

谁知娜娜竟然反驳说："我还不是和你学的！我哪一天早上上学不是匆匆忙忙的？还不是因为你早上不起床，非要拖延到7点10分才肯起来，结果都来不及给我做饭，只让我吃面包。还有每次答应带我出门玩，总是说'过几天''过几天'，要我催好几次才肯行动……"

妈妈听了娜娜的话，一时间竟然不知道怎么回答了。她开始反思自己，发现自己真的也有拖延症：平时孩子让自己做什么的时候，喜欢说"等一会儿"；上班的时候也总是迟到，不到最后一刻不出门；老板交代的任务不到最后期限不开始行动……

她没有想到自己的行为竟然严重影响了孩子，让孩子养成了不好的习惯。这时，她非常后悔，可是已经晚了。

正如英国心理学家希尔维亚·克莱尔在《挖潜能》一书中说的那样："如果你自己都不准备去有所成就，你也不能期望你的孩子去做什么。"

可以看得出，娜娜之所以拖延，关键是受到了妈妈的影响。因为孩子的模仿性非常强，父母的一言一行她都看在眼里、记在心里，并且会有样学样。妈妈喜欢说"等一会儿"，她学会了；妈妈做什么事情都喜欢等到最后一刻，她也学会了。可以说，是这样的家庭环境造就了孩子的拖延症。

父母必须明白，在孩子的成长过程中，榜样的力量是无穷的。你做什么，孩子就会学着做什么。如果你是一个珍惜时间、做事效率高的人，那么孩子就很难染上拖延的毛病；可是如果你事事拖延，没有时间观念，那么孩子就别想高效地做事了。

更关键的是，父母如果没有做好榜样，却责骂孩子做错了事情，那么孩子就会产生叛逆心理，对父母说："凭什么你能做，我就不能？"

所以，父母应该用自己的言行给孩子做好榜样，如果自己身上有拖延的毛病，一定要及时改正，并且及时向孩子道歉。孩子看到了父母能够知错就改，那么肯定也会改正自己拖延的坏习惯。

**6.**

# 培养自控力，让孩子管住自己

对于孩子来说，尤其是年龄较小的学龄前儿童，他们之所以会拖延，大部分原因是自己管不住自己。他们很容易被不相干的小事吸引注意力，从而忘记了本来要做的事情。当他们分心去做其他事情的时候，原本的事情就这样被耽搁下来，导致了时间的浪费。

虽然在日常生活中，父母会对于孩子进行一些约束和管教。但是父母的约束和管教不过是外在因素，如果孩子的自控能力差，不能更好地管理自己，那么孩子就很难做到合理地利用时

间，专注而高效地做事情。

一位小学生家长说得非常好："问题的关键不在孩子被什么吸引了注意力，也不在于孩子因为什么游戏而耽误了时间，关键在于孩子是否具有自我管理的能力，是否能够管得住自己。"

没错，不妨看看我们身边，那些经常迟到的孩子，绝大部分是自控能力差的人；那些做事拖延的孩子，绝大多数是没有自我管理能力的人。

所以，父母应该想办法培养孩子的自控能力，让父母对孩子的约束行为逐渐转变为孩子的自觉行为，这样才能从根本上解决孩子时间观念淡薄的问题。

钰钰小时候是跟着爷爷奶奶长大的，老人家对孩子非常宠爱，处处迁就孩子。一旦孩子有什么要求，爷爷奶奶都无条件地给予满足。于是，钰钰成了一个骄横、以自我为中心的孩子，更养成了为所欲为、没有规矩的坏毛病。

等到上小学的时候，父母把孩子接到自己身边，这才发现孩子身上有很多不良习惯。比如说，钰钰从小就喜欢看电视，吃饭、玩游戏的时候都要开着电视，爷爷奶奶也从来没有纠正过这个坏习惯，导致孩子有很大的电视瘾。

为了让孩子改正这个坏习惯，妈妈平时坚决不让她看电视，可是钰钰就是管不住自己，经常偷偷地打开电视。虽然钰钰忌惮妈妈的威严，平时不敢肆意地看电视，可心里还是始终想着电视的，这导致她做什么事情都没有兴趣，就连老师讲课的时候都时常分心走神。

　　妈妈觉得不能长久这样下去，于是便和钰钰好好地交谈了一次。她对孩子说："你为什么会想看电视？"钰钰说："以前我每天都看，已经养成了习惯，而且我喜欢看动画片。"妈妈说："你喜欢看什么动画片？"钰钰回答说："《巴啦啦小魔仙》《熊出没》。"妈妈想了想，说："如果我每天让你看一集《巴啦啦小魔仙》或是《熊出没》，你觉得怎么样？"钰钰高兴地说："太好了！妈妈，你让我看电视了？"

　　妈妈点点头说："没错，不过每天只能看一集。你从这两个动画片中选择。看完之后，你就必须关掉电视。"钰钰说："可是我每天除了上学就是上学，太无聊了！"妈妈说："你可以做一些自己感兴趣的事情，比如画画、跳舞、看书等等。如果你喜欢画画，妈妈可以给你报兴趣班。"

　　最后，钰钰选择了画画。而在之后的时间里，她也按照妈妈的要求，每天只看一集动画片。虽然她也有非常想看电视的时侯，但是在妈妈的帮助下，她开始控制自己，找其他感兴趣的事情代替。时间长了，钰钰不用妈妈的帮助就可以管理自己的事情了，并且开始远离电视。

　　这是一个很好的例子。钰钰妈妈知道自己的孩子痴迷电视，每天总想着看电视，浪费了时间并分散了注意力。但是她也知道，一味地用强硬的手段限制孩子是没有什么大用的，所以她积极引导孩子，帮助孩子用感兴趣、有意义的事情来代替看电视，让孩子逐渐学会管理自己的事情，逐渐地培养自己的自控能力。果然，这样的方法要比强硬的手段有效得多。

作为父母，如何让孩子管住自己呢？其实，这很简单。

## 1. 改变思考方式，不要一味催促、打骂

作为父母，如果发现自己的孩子做事拖拖拉拉，并且不能更好地管理好自己的时间，千万不要一味地催促、打骂，因为这些方法都是治标不治本的。

不妨改变一下思考方向！父母们可以积极培养孩子的自控能力，让他们学习自己管理好自己，学会安排和支配好自己的时间。当孩子们自我管理能力增强的时候，自然就会成为一个管理好自己时间的人。

## 2. 从日常生活开始，培养孩子自控力

相信很多父母都有这样的感触：孩子说想要画画，妈妈就积极地为他准备画纸、画笔。可过了一会儿，等到妈妈过来看时，却发现孩子并没有好好画画，而是正在玩书桌上的格尺、橡皮；浴室里，妈妈给孩子洗好了澡，并且给孩子拿了块毛巾，让他把身上的水滴和泡沫擦干净，可刚转身，就发现孩子开始玩起了水里的橡皮鸭……

与其说孩子的注意力容易分散，不如说孩子的自控能力比较弱。因为缺乏自控力，所以即便父母已经明确地告诉他"你必须五分钟内吃好饭"，孩子也会拖拖拉拉地做事；因为缺乏自控力，所以即便父母告诉他"你看完一集动画片之后，必须进屋写作业"，孩子也不会主动按照安排去做；因为缺乏自控力，所以他们很容易分散注意力，很容易被任何一件小事、小东西吸引，以至

于偏离了原本的轨道。

所以，孩子自控力的培养是从日常的生活习惯中开始的，在孩子还小的时候，父母就应该有意识地培养孩子的自控力。

比如让孩子养成良好的作息习惯，按时洗澡睡觉，按时吃饭；让孩子学会控制好自己的情绪，不要随便发脾气；让孩子不要贪吃零食，不要太贪玩；让孩子学会控制自己的行为和动作；让孩子学会坚持、坚强、勇敢等良好的品质。

## 7.
## 强行赶孩子学习，不如营造好的环境

很多父母希望孩子能够好好学习，提高学习效率和学习成绩，于是便想办法督促孩子学习。殊不知，督促孩子学习、强行赶孩子学习的做法对孩子是没有太大效果的。与其如此，父母们还不如积极为孩子营造好的学习环境，让他们主动学习。如此一来，孩子的学习效率才能提高上去，学习成绩也会好起来。

父母们应该要知道，学习虽然是孩子自己的事情，但是给孩子营造出良好的学习环境与学习气氛却是父母应该做的事情。如果条件允许，父母应该给孩子布置专门的书房，并且布置得学习气氛浓厚一些。可以给孩子摆上专属于他的书柜、课桌，摆上平时学习的书籍，或是孩子喜欢看的课外书。如果条件不允许，父母也应该给孩子准备小书桌，或是专门供孩子学习的场所，让孩子有可以专心、安心学习的地方。

良好的学习环境对于小学生来说，尤其重要。因为小学生的自律能力不强，很少会主动地学习、做功课。可是如果父母能够给他们创造良好的学习环境，那么他们就会受到环境的感染，更容易自觉地学习。

小学三年级的小刚非常不喜欢学英语，因为他之前没有接触过英语，所以学习起来有难度。父母为了让他提高英语成绩，可以说是费尽了心思：每天让他听单词、读单词，还准备了一些英语读物，给他报了英语课外班。但是，小刚就是不愿意学英语，每次做英语作业的时候都是拖拖拉拉，找各种借口拖延。所以，一个学期下来，他的英语成绩没有任何提高。

后来，妈妈想到了一个新办法，不再强迫孩子学习英语，而是想办法激发孩子学习的积极性和主动性。她重新布置了孩子的房间，给孩子买了新的书桌和书柜，并且把那些英语读物都摆在书柜显眼的地方。

同时，妈妈还打印出一些单词、名言名句，贴在房间、书桌的角落，让孩子一眼就可以看见它们。妈妈还把孩子的叫醒闹铃换成了英语歌曲，让孩子可以耳濡目染。

刚开始的时候，小刚还非常生气地对妈妈说："为什么哪里都贴着英语？我不喜欢英语！"可渐渐地，他不再那么排斥英语，对英语也有了学习兴趣，成绩也开始有了一点起色。

由此可见，学习环境是影响孩子好好学习的关键因素。没有好的学习环境，孩子就很难养成专注的习惯。没有专注的精神，孩子读书、写字就会拖拉，注意力不集中，从而浪费很多时间。

所以，打造一个良好的学习环境是每一位父母都应该重视的问题。那么父母们应该怎么做呢？

### 1. 不要强行把孩子赶进书房，让孩子主动走进书房

打造良好学习环境并不是给孩子布置好书房、买一张书桌那么简单。有的父母给孩子购买昂贵的书桌，准备了各种各样的课外书，然后就强行把孩子赶进书房里面，让他们好好学习。

这样孩子就能够好好学习了吗？当然不能！

其实，这与强迫孩子学习没有什么区别。如果父母无法提高孩子的学习兴趣，只是强行把他们关在书房中，那么只能起到相反的效果。孩子们即便是坐在椅子上，也无法把心思放在学习上。虽然他们拿着笔，可是一个字也没有写，他们看着书，可是一个字也没有读进去。因为他们的脑袋里想着电视和游戏，怎么又能专注地学习呢？

人们常说："虽然我们可以把牛牵到水边，却不能迫使它喝水。"在孩子的教育上，也是同样的道理。虽然父母可以把孩子赶进书房里面，但是却不能强迫孩子学习。如果父母不顾孩子的意愿，强行把他们赶紧书房，那么他们不仅不会认真学习，还会形成拖延、注意力不集中的坏习惯。

所以，父母应该想办法让孩子经常主动地走到书房，促使他们产生学习的兴趣和积极性。而这才是问题的关键。

## 2.不要随意打扰孩子

良好的学习环境还应该是安静的、不受干扰的。有些父母在孩子学习的时候时不时敲门打扰，不是送水果就是送牛奶，不是在一旁监督就是一会提醒这个一会询问那个，导致孩子根本没有办法全神贯注地学习。

最可笑的是，这些父母却埋怨孩子注意力不集中，做作业拖延。难道这不是父母的频繁打扰导致的吗？

所以，想要孩子好好学习，提高学习效率，父母们就为孩子们营造良好的学习环境吧！

## 8.
# 让孩子学做家务，培养生活自理能力

生活中，我们不难发现，同样大的孩子在时间管理上也有很大差异：

李华做事情毫无条理性，习惯了丢三落四，就连早上起床穿衣服都需要父母帮忙；而好朋友夏明的生活自理能力就非常强，早上自己按时起床，安排好时间做作业，每件事情都做得井井有条，处理起事情来有自己的主张和想法……

在仔细观察之后，我们就会发现，前者是没有时间观念的孩子，做事情习惯磨蹭，行动效率也高不到哪里去；而后者就不同了，因为他自理能力非常强，所以做事干脆利落，绝不拖泥带水，效率自然也比前者高很多了。

简单来说，夏明是一个自理能力强的孩子，没有做事拖拉的坏习惯。因为他平时就习惯了自己的事情自己做，养成了一种积极主动的做事习惯。而李华自理能力比较差，从小就习惯于大小事都依赖父母，遇到问题总是指望着父母帮助自己，所以做什么事情都无法高效地完成。

由此可见，自理能力与高效做事有非常密切的联系。想要让孩子做事不拖沓并且养成积极主动的习惯，父母就应该从小培养他们的自理能力，多让他们做做家务劳动，包括打扫卫生、整理房间等。

一位教育专家曾经指出："一个孩子如果从小就具备做家务的能力，那么他就赢得了培养自身生活自理能力的机会，从而有利于增强他做事的条理性、秩序性，以及培养其独立性。"

事实上，很多西方国家的父母会早早地让孩子做力所能及的家务劳动，培养孩子的动手能力和独立性。正因为如此，我们很少看到西方的孩子有拖延，以及浪费时间的坏毛病。而在我们身边，有这样坏毛病的孩子却比比皆是。

淘淘是一年级的小学生，9月份入学后，班主任会对于新入学的孩子们给予更多的照顾。因为孩子们在幼儿园的时候都有生活老师照顾，无法快速地适应完全独立的小学生活。平时，老师可能会帮助孩子们打水，交代孩子们按时上卫生间。

中午吃饭的时候，老师会帮助孩子们拿餐盘、餐具，然后在饭后帮忙收拾餐具。同时，一年级的孩子是没有安排值日生的，即便安排了值日，老师也会帮助孩子们打扫教室，或是帮孩子搬凳子，或是帮孩子擦黑板、拖地板。

很多孩子的自理能力都比较差，凡事都需要老师的帮忙。可班主任发现淘淘却并不是如此。他比其他孩子都让人省心，完全可以自主处理好自己的事情。吃饭的时候，他会自己拿餐具，吃完饭会自己收拾餐具；下课的时候，他会帮助老师擦黑板，还帮同学们接水。每次轮到他们组值日的时候，他都会把桌椅板凳摆放整齐，然后把同学们的课桌和抽屉收拾得干净整洁。

在班会上，老师夸奖了淘淘，并且让淘淘妈妈分享了教育孩子的方法。原来，淘淘妈妈从孩子小时候就注意其自理能力的培养：孩子3岁多的时候，妈妈就鼓励他自己做自己的事情，包括穿衣服、收拾玩具等等；孩子4岁的时候，妈妈开始让他帮助做一些简单的家务，比如扫地、擦桌子。虽然孩子根本扫不干净地，也擦不干净桌子，但是妈妈却每次都夸奖他做得好，目的就是让他养成做家务的习惯；到了孩子5岁多的时候，妈妈开始让他自己洗小内衣、小袜子，然后学习叠自己的衣物和帮助妈妈整理房间。

通过让淘淘学做家务，他的自理能力越来越强，独立性也要比其他孩子好得多。现在淘淘已经成了一个做事勤快、有序的好孩子，做事情从来不会三心二意，更不会拖拖拉拉。

相信，很多父母都会羡慕淘淘的父母，希望自己的孩子也能做得一样好。其实，只要大人不溺爱孩子，凡事不替孩子大包大揽，而是让孩子做力所能及的家务活，那么孩子们也可以具备很强的生活自理能力，也可以成为一个勤快、独立的好孩子。

作为父母，可以尝试着做到以下几点，来培养孩子的自理能力：

## 1. 让孩子自己做家务，不要太宠溺孩子

父母们不要因为担心孩子太小，就觉得孩子什么都做不好，更不要因为嫌弃孩子给自己帮倒忙而拒绝让孩子在家里做家务。

实际上，与孩子在做家务中惹下的小麻烦相比，通过做家务的机会来培养孩子的自理能力和独立性更重要。如果父母过于宠溺孩子，不舍得让孩子做任何事情，那么孩子就会变成一个懒散、依赖性强又缺乏条理的人。

父母们要知道，任何好习惯都是从小养成的。父母不能什么都不让孩子做，然后等孩子大一些，养成做事磨蹭、懒惰的坏习惯后，就毫不留情地斥责他们。对于孩子来说，从小就没有独立做事的观念，就没有养成做事勤快、有条理的好习惯，又怎么能奢望他一下子又快又好地做事呢？

## 2. 根据孩子年龄来安排家务

想要培养孩子的自理能力，父母也不要操之过急，而是应该根据孩子的年龄来安排相应的家务活。

比如，孩子3岁的时候，动手能力比较差，父母可以让他擦

擦桌子。到了 4 岁的时候，可以让他整理自己的小衣服，或是帮妈妈浇浇花。而到了 5 岁的时候，孩子就可以慢慢地学会扫地、整理自己的物品了。父母要耐心地指导，教给孩子怎样擦桌子、怎样扫地，如何更快地穿好衣服、系上扣子等等。

只有从孩子自身的成长特性出发，按照孩子的年龄安排家务，孩子的自理能力才会越来越强。否则，孩子就会因为做不到而失去信心，这样就得不偿失了。

### 3. 提高孩子的兴趣，不能强行命令

当然，想要培养孩子的自理能力，父母就应该想办法提高孩子的兴趣，不要强行命令孩子做他不愿意做的事情，更不要让孩子做太多的家务，侵占了孩子玩的时间，否则孩子就会产生逆反心理。

## 9.
## 别让孩子太懒惰，不勤快怎能更高效

活泼好动是孩子的天性，可是很多孩子却是活脱脱的"懒羊羊"，每天都是懒懒散散的样子，做什么事情都不积极。

瑞瑞就是一只"懒羊羊"，这孩子能躺着就不坐着、能坐着就不站着。每天放学回家后，他打开电视就往沙发一躺，懒散地看电视。他从来不会主动做事情，什么都让爸爸妈妈帮

忙，即便水杯就在茶几上，也是让妈妈给拿过来。如果父母让他做什么事情，他也不会马上去做，总是一再往后拖。如果父母不逼着他，他什么事情都懒得去做……

懒惰是一种病，也是孩子的天性，但是这种天性对于孩子的成长是非常有害的。懒惰的孩子没有上进心，做事情容易满足，并且有得过且过的思想；由于懒得去做，所以不管做什么事情都会产生"应付了事"和"混过去就行"的态度。

试想，这样的态度怎么能做好事情？怎么能快速、高效地做事情呢？

懒惰还会让孩子滋生拖延的心理，因为懒得去做，孩子会把今天的事情拖到明天，明天的事情拖到后天；因为懒得去做，孩子会想办法给自己找理由，晚做或不做本应该完成的事情；因为懒得去做，孩子习惯了靠父母帮忙，长此以往就会养成消极被动、懒得思考、懒得动脑筋的恶习……

可以说，懒惰就像是一只庞大的怪物挡在孩子的面前，阻止孩子做任何事情。父母必须积极引导孩子，让孩子改掉懒惰的坏毛病，并且养成积极主动、勤快上进的好习惯。

上小学二年级的冰冰总是一幅懒散的架势，每天挂在嘴边的话就是："我好累啊！"妈妈叫她做一些简单的家务劳动，比如帮助妈妈擦擦桌子，她就是不愿意动。好不容易被妈妈催着动手了，她却一边干一边说："我好累啊！为什么非要我干活呢？这么点活你一个人一会就做完了！"就连外出运动、游玩

她也嫌累，比如爸爸带着冰冰到体育馆打羽毛球，可没打一会，她就喊累了："我好累啊！一会儿再玩吧！"不管爸爸怎么喊，她都坐在凳子上不起来。

其实，冰冰懒惰的毛病不是一天两天了，而是从小就养成的。四五岁的时候，冰冰明明可以自己穿衣服，可是就是不爱自己动手，非要等妈妈帮忙；喝水的时候，非要妈妈拧开瓶盖，把水拿到嘴边她才肯喝；到公园去玩的时候，别的小朋友都到处追着跑，或是一起做游戏。可冰冰却自己一个坐在花坛上玩，不愿意参加其他小朋友的活动，问她原因竟然是嫌累……

随着冰冰的年龄越来越大，她不仅没有改正懒散的毛病，反而让它变得越来越严重。为此，爸爸妈妈没少批评他，也给她讲过好多的大道理，但这懒散的毛病就是没有什么改善。因为她平时非常懒，所以学习自然也不肯努力了，上课不爱思考，下课不愿完成作业，成绩可以说是一塌糊涂；因为平时懒惰，不爱运动，所以冰冰身体状况也不达标。

爸爸妈妈感到很是无奈，"这个年龄的孩子应该是活泼爱动的，这个孩子怎么这么懒惰呢？这样下去，孩子将来怎么办呢？"

懒惰是孩子身上非常不好的习惯。虽然每个人都有一定的惰性，但是有自控能力的人可以克服自己的惰性。在父母的引导下，孩子可以慢慢地克服懒惰的行为，努力完成自己应该完成的事情。但是由于冰冰父母的纵容，孩子错过了改正的好机会，从而让惰性扎根于内心，很难改正。

因此对于懒惰的孩子，父母要及时给予正确的引导，千万不要纵容孩子懒惰的行为。

## 1. 父母不要太勤快，更不要阻止孩子做事

很多时候，孩子之所以懒惰，是因为父母太勤快了，让孩子过着"衣来伸手、饭来张口"的生活。还有些是因为父母担心孩子太小而做不好事情，所以总是在孩子跃跃欲试、想参与劳动或干点有意义的事情之时，制止孩子的行动。

在这样的教育方式下，孩子本来想要做事的兴趣和习惯得不到培养，本来勤快的内心得到了制止，甚至把父母的帮助当成是理所当然的事情。时间长了，孩子自然就越来越懒惰了，什么也不会做，什么也不愿意做。

然而这个时候，父母却惊讶地说："这孩子怎么这么懒惰啊！真是太令人头疼了！"可难道这不是父母造成的吗？

## 2. 让孩子自己做自己的事情，激发孩子的劳动潜能

父母要学会在孩子面前假装弱势一些，即便能做很多事情，也最好不要在孩子面前完全展示出来。如此，孩子的劳动潜能才能被激发出来，才能变得越来越勤快。

父母还要培养孩子的动手能力，让他们自己做自己的事情，并且鼓励他们帮助父母做一些力所能及的事情。

如果孩子不愿意动手做事，父母可以多抽出一些时间，陪伴孩子一起做些事情，比如一起做家务、一起玩游戏、做运动等等，以调动孩子的行动热情。

### 3. 让孩子多参加体育锻炼

孩子整天只知道窝在沙发里看电视，自然就会越来越懒惰，越来越体弱，形成了恶性循环。想让孩子戒掉懒惰的坏习惯，父母就应该让孩子动起来，而最好的方法就是让孩子多参加一些体育锻炼。

父母可以利用空闲时间或者节假日，多带孩子外出锻炼，比如散步、跑步、打球、爬山，这些运动都可以帮孩子养成爱运动的好习惯。这样不仅能增强孩子的体质，更重要的是能够让孩子振奋精神。孩子的精神振奋了，积极性提高了，懒惰的习性自然就会慢慢消失。

### 4. 父母要有耐心，不要急于求成

父母们要清楚，改掉孩子懒惰的坏习惯并让孩子勤快起来，并不是一朝一夕的事情。在这个问题上，父母一定要有耐心，不要急于求成，更不要逼迫孩子做他们不愿意做的事情，否则孩子就会产生负面情绪，破罐子破摔。

# 第三章

## 别让孩子的时间被偷走了

### ——纠正孩子浪费时间的不良习惯

**03**

谁无端地浪费时间，谁就会白白浪费宝贵的生命。面对自己的孩子，很多父母会发出这样的疑问：是谁偷走了孩子的时间？事实上，是孩子偷走了自己的时间。生活中，由于这样那样的原因，孩子养成不良的生活习惯，没有主见、做事没条理、注意力不集中等等……这些坏习惯让孩子耽误了很多时间和精力，从而导致生活一团糟。

## 1.

# 没主见就会耽误时间，要培养孩子的主见

很多孩子做事情总是拿不定主意，如果你问他是去公园玩还是去看电影，他会在那里想半天，自己也不知道应该去哪里，结果在纠结中浪费了大量的时间。

还有些孩子习惯被别人的意见左右，别的同学说这个解题方法好，他就按照这个方法做，另外的同学说那个解题方法方便，他又开始尝试这个方法，结果哪一个方法都没有做到底，花很多时间也没有能找到适合自己的解题方式。

所以说，孩子犹豫不决、拿不定主意，就是他们行动缓慢、做事拖拖拉拉的重要原因。他们不管做什么事情都需要左思右想、瞻前顾后，大量的时间就在这种毫无意义的思考中被浪费掉了。

思思是一个有选择困难症的孩子，不管做什么事情都拿不定主意，一会想要这样一会想要那样，既想要选择这个又不愿意放弃那个。十一假期时，爸爸妈妈准备带着思思外出旅游，妈妈知道思思有做事犹豫的不良习惯，于是便想通过这个机会来锻炼孩子。距离十一假期还有一个星期的时候，妈妈就让思思开始做旅游攻略，看看哪里适合全家度假。

思思高兴地接下了这个任务，她开始上网查询，看到美丽的三亚，便惊呼道："三亚好漂亮啊，有大海、蓝天，正是度假的好地方！"一会儿看到了古朴的丽江古镇，她又感叹地说："这里好有韵味啊，有很多特色景物和美食！"

接下来，她一会儿被黄山的奇松怪石、云海云泉所吸引，一会儿又向往九寨沟的自然风景……总之，她查询的地方越多，想去的地方越多，就越拿不定主意。

这时候，妈妈提醒她说："我们只有几天的假期，不可能去那么多地方。你必须拿定主意，选择最想要去的地方。"思思回答说："我知道了。我先看看，过两天就确定下来了。"过了两天，妈妈问思思是否做好了选择，思思为难地说："我忍痛割爱，舍弃了那些美丽的景色，可是还在纠结究竟是去三亚，还是去丽江。妈妈你说我们应该去哪里？"妈妈说："这次旅游应该是你自己拿主意，我们不发表意见。"思思只好闷闷地说："好吧，我再考虑考虑吧。"

等到出发的倒数第二天，妈妈又问思思："你选好了吗？"思思说："选好了，妈妈我们去三亚吧！那里的景色具有热带风情，还有我向往的阳光、沙滩！"妈妈说："好，只要你喜欢就好！"

可刚吃完了饭，思思又对妈妈说："嗯……我觉得丽江古城也不错。那里的一街一景都比较有韵味。"妈妈无奈地说："你到底想去哪里？"思思皱着眉头说："其实，我也不知道去哪里。这两个地方我都想去，哪一个都不想放弃。要不妈妈你帮我决定吧！"妈妈摇着头说："像你这样总是拿不定主意，自己无法做决定，怎么能行呢？你现在是大孩子了，应该有自己的主

见，否则长大了怎么办？"

思思听了妈妈的话低下了头。

孩子为什么会犹豫不决，拿不定主意？是因为他们没有自己的主见，不知道怎么自己下决定。

不难发现，生活中有很多像思思一样的孩子，他们做事情毫无主张，遇到问题就向家长寻求帮助。他们不仅害怕自己下决定，而且不能自己下决定，结果导致了拖延，白白浪费了时间和精力。

其实这与父母的错误教育是分不开的。很多父母从来不让孩子自己做决定，认为孩子还小，没有足够的判断力，万一做错了决定就会引起不必要的麻烦。所以，他们把孩子的事情安排得妥妥当当的，丝毫不用孩子费脑筋思考。这样一来，虽然避免了孩子犯错误，但是也剥夺了孩子选择的权利，让他们失去了锻炼的机会，从而没有能力下决定。

那么，应该如何培养孩子的主见，让他们敢于做决定呢？

## 1. 孩子不是父母附属品，父母不要一味为孩子做决定

父母们应该知道，孩子是独立的人，是有思想、有主见的人，而不是父母的附属品。如果父母一味为孩子做决定，那么孩子就会失去了主见，变成了没有思想的人。

生活中，如果孩子遇到了问题，父母不要代替孩子去解决，也不要替孩子选择，而是应该鼓励孩子自己想办法独立去完成。一旦孩子遇到了实在解决不了的问题，父母可以帮助孩子分析问

题，多提供一些解决问题的方法，但最后必须让孩子决定选择哪一种方法，而不是直接告诉孩子"你应该这样做""这个方法是正确的"。

## 2. 别总是要求孩子绝对服从自己

父母不应该一味地让孩子听自己的话，要求孩子绝对服从自己，这样只会让孩子逐渐失去主见和自主性。孩子习惯了听父母的命令，时间长了，就会产生这样的想法：我不需要思考，只要按照父母的话去做就行了。这样的话，孩子就会习惯求父母帮助，事事要父母替自己拿主意，一旦离开了父母，即便是很小的事情，都没有办法自己下决定了。

## 3. 给予孩子话语权，让孩子参与家庭讨论

父母应该给孩子话语权，让他们大胆地说出自己的想法，并且逐渐让他们参与到家庭的讨论之中。比如，父母可以和孩子讨论周末去哪里玩、晚饭吃什么、报什么兴趣班，等等。慢慢地，孩子自然就会可以积极地思考，变得越来越有主见了。

没有主见的孩子，不仅会养成拖延的坏习惯，总是在思想斗争浪费时间，还会习惯了随波逐流，成为最平凡的人。我们可以看到，出色的人永远都是有自己的主见的人，而没有主见的人只能随波逐流，人云亦云，过着平庸的生活。

我相信，所有父母都不希望看到自己孩子成为一个平庸的人。那么我们就应该培养孩子从小做一个有主见的人，让他们自己决定自己的事情，敢于大声地说出自己的意见。

## 2.
# 不要让孩子"讨价还价"

随着孩子年龄的增长，他们慢慢地学会了和父母讨价还价，当妈妈要求他立即关掉电视的时候，他会说："我再看一会嘛，就让我再看一会吧！"当妈妈要求他做功课的时候，他则会说："我一会就去，再给我五分钟时间！"

除此之外，孩子们还会把这种"讨价还价"的技巧熟练地应用在任何一件事上。每当父母要求他做一件事情的时候，他都会提出一个要求，不是要求向后推迟几分钟，就是要求给予奖励比如要求获得一个礼物，或是看一集动画片。

这样的情况会发生在很多孩子身上，也让很多父母头疼不已。这不楠楠妈妈就面临着这样的问题：

一个周末的上午，妈妈正在打扫卫生，而楠楠正在玩自己芭比娃娃。妈妈对楠楠说："宝贝，你玩了很长时间了，应该去做功课了。"楠楠说："我想再玩一会儿，这个芭比是新买的，我还没有玩够呢！"

妈妈说："整个上午你都在和她玩，怎么就没有玩够啊！"这时候楠楠撒娇地说："妈妈，求求你了，就让我玩一会嘛！"妈妈说："不行，你应该做功课了！"楠楠还是没有马上行动，开始和妈妈讨价还价："我再玩10分钟……"看妈妈没有答应，她便说："8分钟……5分钟……"

最后，妈妈没有办法，无奈地说："好吧！你只能玩5分钟，之后必须马上去写作业！"这时候，得逞的楠楠高兴地说："好的！"

其实，这样的事情并不是一两次了，楠楠知道只要自己撒娇一下，妈妈一定会同意自己的要求，所以她开始经常使用这样的方法。

还有一次，楠楠跳舞回到家之后，妈妈让她把自己的舞蹈服和袜子放进洗衣机。可楠楠却懒懒地躺在沙发上，说："我已经够累了，为什么非要我马上做这做那呢？"妈妈耐心地说："这本来就是你自己的事情，现在不做，一会儿就忘了。"楠楠还是不情愿地说："我想待会再洗，要不您答应我一个条件？"妈妈无奈地说："又有什么要求啊？"楠楠说："我可以马上去洗衣服，但是你得让我看会电视。"

其实，孩子"讨价还价"的根源完全出自父母身上。父母们不妨想想，在孩子小的时候，你是不是经常说这样的话："你只要快快吃饭，等一会儿我给你糖吃"；"你如果乖乖睡午觉，醒来后，我给你买好玩的玩具"；"只要你上课认真听讲，我就奖励你到游乐园玩。"

父母的这种行为，让孩子产生了一种误解，认为只要按照父母要求的去做事，自己自然就可以获得某种"报酬"。于是，他们开始利用每一个机会和父母讨价还价。

在讨价还价的过程中，孩子和父母都不会轻易地妥协，你进一步我退一步，你拉过来我拉过去。结果，时间就在这样的"讨价还价"中浪费掉了，不仅浪费了孩子的时间，也浪费了大人的时间。

更为重要的是，时间长了，就会让孩子形成一种习惯，不管做什么事情都要"讨价还价"。在做任何事情之前，他都要求有好处，如果没有好处就不会去做；在做任何事情之前，他都会和父母谈条件，总是习惯性想拖延，10分钟不行就要求5分钟，5分钟不行就要求2分钟，反正就是不肯马上行动。

这样一来，孩子不仅失去了主动做事、马上行动的意识，还会让每一次学习和尝试都成为一种"交易"，从而失去了探索的兴趣和精神。这对于孩子的成长是非常有害的。

所以，在教育孩子的过程中，父母一定要注意自己的教育方式，切不可做出错误的决定。

## 1. 不要拿"好处"诱导孩子

父母千万不要拿"好处"去诱导孩子，主动地和孩子"讨价还价"。虽然父母这样做的目的是引导孩子主动地做某件事情，让孩子快点把某件事情做完，可事实正好相反，这样的行为只会让孩子会错意，并逐渐失去做事情的主动性和积极性。

## 2. 不要轻易向孩子妥协

孩子喜欢和父母"讨价还价"，与父母的轻易妥协和纵容是分不开的。当孩子第一次提出"等一会儿""再玩10分钟"时，如果父母轻易地答应了他的要求，那么孩子就会第二次、第三次、第N次提出要求。当父母一次次向他妥协的时候，他

就会越来越善于利用这种手段来对付父母，为自己赢得更多的"好处"。

要知道，大多数孩子的讨价还价都是在试探父母，如果父母稍微有松动的迹象，他们就会得寸进尺；可如果父母坚持原则，不肯向孩子妥协，那么孩子就会慢慢地改正这个坏习惯。

所以，父母一定要守住自己的底线，不要轻易向孩子妥协。当孩子要求再玩一会，或是等一会儿再去做某件事情的时候，父母要明确地告诉孩子："我可以给你 5 分钟时间，5 分钟过了，你就必须马上行动。"

如果孩子再想要讨价还价，父母一定要坚定地说"No"，不给孩子任何商量的余地。对于年龄比较小的孩子，父母可以不断强化他的时间观念，可以给他定个闹钟，或是在时间剩余 1 分钟的时候提醒他。不管怎样，只要父母坚持原则，那么孩子就没有了讨价还价的机会。

### 3.不要对孩子太苛刻，把握好教育的尺度

换个角度来看，孩子学会了讨价还价，说明他已经产生了自主意识。这未必完全是坏事。所以父母也不能太过于苛刻，丝毫不给孩子商量的余地，否则就会让孩子不敢发表自己的意见，变得越来越自卑、内向。

父母应该把握好尺度，既不能过于迁就孩子，也不能一味说"No"，如此孩子才能健康地成长。

# 3.

# 做事要有条理，东西不能到处扔

很多父母抱怨孩子的生活总是乱糟糟的，早上起床找不到袜子，书包内课本放得乱七八糟，或是每天丢三落四，不是丢铅笔就是丢橡皮。其实，这些行为便是孩子们做事没有条理性的体现。

虽然做事缺乏条理是孩子儿童期的一种自然反应，但是如果父母不注意给予正确的引导，就会让孩子养成不良的生活习惯，不仅严重干扰了孩子学习和做事的正常秩序，还造成了时间的极大浪费。

也就是说，对于孩子来说，养成做事有条理的好习惯是非常重要的。它可以让孩子有条不紊地做事情，在关键时刻不至于手忙脚乱，从而更好地学习和生活。

12岁的小文做事非常没有条理，常常把东西到处乱放，每天放学一回家，他就把书包、外衣扔到沙发上；他的房间总是乱七八糟的，衣服堆在一起，课外书、作业本、卷子都堆在书桌上。因为他时常乱放东西，房间又非常乱，所以经常听见他喊："妈妈，我的××放在哪里？""妈妈，你看见我的××了吗？"

每天小文要在找东西上花费很多时间，早上找衣服、找书本、找文具；做功课的时候，不是习题找不到了，就是课本没

有带回家；说好了一家人出去打羽毛球，爸爸妈妈已经准备好了，可是他还没有找到羽毛球拍……

尽管妈妈每天都帮助他整理房间，督促他把东西都摆放好，叮嘱他衣服放在衣柜、书籍按照类别摆放好。但是大多数时间他的东西都是随地乱扔的，用的时候拼命地找而找不到。对于小文这个坏毛病，妈妈感到十分头疼，也想过很多方法来矫正，可是不管怎么提醒他，甚至惩罚他，都没有什么效果。

为了让孩子养成做事有条理的好习惯，妈妈想到了一个好办法。这天，小文放学回家，刚把书包放到玄关的柜子上，还没有来得及脱鞋，妈妈就走过去轻轻地拥抱了一下孩子，说："小文，你今天真懂事，把书包好好地放在柜子上。来，你赶紧脱鞋、脱衣服，把它们放好吧！"小文明显愣了一下，要是以前他早就把鞋子踢掉，把衣服甩在沙发上了。可这次，他听到了妈妈的夸奖之后，不好意思再这样做，便乖巧地把鞋子放进了鞋柜，把衣服挂在衣服架上。

妈妈看着孩子的表现笑了，原来这个办法真管用，于是她总是找机会夸奖小文，说他比以前更有条理了，说他不再乱丢东西了。而在这之后，小文也经常按照妈妈的要求去做，慢慢地改掉了扔东西的坏习惯。

其实，孩子也知道乱扔东西是不良的行为，只是已经养成了这样的习惯，他想要改也很难改正了。

所以，父母不要动不动就对孩子发脾气，甚至打骂孩子，否

则不仅无法让孩子改掉坏习惯，还会让孩子产生叛逆心理。当然，父母也不应该跟着孩子屁股后面收拾，这样只会越来越纵容孩子，让孩子的生活越来越糟糕。

聪明的父母就应该懂得有技巧地说服孩子，引导孩子改掉自己的坏毛病。具体来说，父母可以做到以下几点：

## 1. 父母要把这个问题重视起来

很多孩子觉得做事没有条理并没有什么大不了的，因为他们喜欢自由自在的生活，甚至有些家长也抱有这样的想法。

其实这种想法是非常错误的，有条理地做事情，可以让我们节省更多的时间。因为只要花费一点时间和精力把东西摆放好，那么当你再次使用的时候，就会节省大量的时间和精力，减少很多麻烦和烦恼。

另外，有条理地做事情，还可以让我们的生活变得有条不紊，避免盲目地做事情，从而达到事半功倍的效果。

所以，父母一定要把这个问题重视起来，不要忽视了这个问题的严重性，否则就会害了孩子。

## 2. 给予孩子正确的引导，让孩子有条理地做事

作为父母，应该给孩子正确的指导，让孩子从小就养成好习惯，不要随处乱扔东西，更不要随随便便地做事。

比如，要让孩子把用过的东西放到原处，以便再次使用；睡觉之前，让孩子整理好书包，把第二天需要穿的衣服放好；衣服穿过了，就让孩子放进衣物篮或是洗衣机，如果第二天还要穿

就放好；要求孩子每天整理书桌，把书籍按照类别或是科目摆放整齐……

### 3. 适当的惩罚更有利于好习惯的养成

如果孩子总是到处扔东西，或是丢三落四，父母应该给予适当的惩罚。比如罚他扫地一周，或是减少他当周的零用钱，或是让他帮助妈妈整理房间等。

事实上，适当的惩罚对于孩子改正坏习惯是有一定作用的。

### 4. 让孩子有计划地做事

父母还应该让孩子养成做事有计划的好习惯，可以从日常小事做起，比如让孩子合理地计划自己的时间：什么时间写作业，什么时候整理书包，什么时候睡觉。孩子做事情有了计划性，自然就会越来越有条理，自然就不会乱扔东西了。

父母们应该知道，任何好习惯的形成都不是一朝一夕的，任何坏习惯的改正也不是一蹴而就的。父母应该对孩子有耐心，多鼓励少斥责，多多给孩子正确的引导，这样一来，定能让孩子变得越来越好。

## 4.
## 身在心不在的"磨洋工"

有人曾经做过这样的试验：

80%的孩子在做作业的时候习惯磨洋工，一两个小时也做不了几道题。孩子坐在书桌前，手里拿着笔，眼睛看着书，可却是身在心不在，思想早就不知道飘到哪里去了，脑袋里也不知道想着什么奇怪的玩意儿。

一般来说，孩子开始做作业的前10分钟，内心是无法平静下来的，特别是看过了动画片或是做过了剧烈运动之后。他们的身体虽然坐在座位上，脑袋中却还想着之前的动画片或是好玩的游戏，始终无法把精力放在作业上。

过了好久之后，孩子们的心才能平静下来，开始安心地做作业。可是内心平静下来还没多久，他们的注意力就又开始涣散了，想看看爸爸妈妈在外面做什么，想着明天和同学说好玩的事情。他们的头不停地东张西望，身体也开始扭动，而心思也早就飞走了。

可以说，孩子一旦身在心不在，就会把宝贵的时间白白浪费掉，学习成绩也一塌糊涂。

一位有经验的教师曾经说："注意力集中的孩子，背诵课文时，只要读9遍就可以完全背诵下来；而同样的课文，那些容易走神的孩子要读100遍才能记住。"可想而知，后者浪费了多少时间？

正如宋代大学问家朱熹所说："人做功课，若不专一，东看西看，则此心先已散漫了，如何看得出道理？"作为父母应该找到孩子心不在焉的根源，从而引导孩子解决这个难题，养成良好的生活和学习习惯。

## 1. 父母要学会放手，给孩子自由和空间

孩子走神、思想开小差的原因有很多，但是自控能力差、依赖性强才是最关键的一点。

有些父母生怕孩子不好好学习，每当孩子做事情的时候就会在一旁盯着孩子，时刻催促着孩子"快点""认真点。"

结果，这样的行为让孩子产生了依赖心理，一旦父母不在一旁督促，孩子就会故意磨蹭，偷偷地做别的事情。有时候即便父母在一旁监督着，他们也可以偷懒，放慢做作业的速度，一边做着作业一边想着玩的事情。

所以，父母应该学会对孩子放手，给予孩子自由和空间，尤其是独立思考的空间。同时，父母应该帮助孩子制订作业时间表，规定孩子在一定的时间内完成作业，并且设定奖励和惩罚的办法。

## 2. 孩子爱幻想，父母要合理引导

有的孩子身在心不在，是因为爱幻想，脑袋里总是有各种稀奇古怪的想法。做作业的时候，脑袋里却开始幻想着各种各样的场景，然后让自己沉浸其中。

其实孩子爱幻想并不是坏事，父母千万不要加以制止和斥责，否则就会扼杀孩子的想象力，这对于孩子的成长没有好处。父母应该巧妙地告诉孩子："你爱幻想是好事，但是也要分时间和场合。做事情的时候就应该注意力集中，等到做完之后就可以自由地幻想了。"

父母还应该引导孩子合理地想象，把奇思妙想引导到兴趣、目标、理想上来。

小路是一个爱幻想的孩子，每天脑袋里充满了奇思妙想，不是想要到太空中旅行，就是想要探究海底世界。因为他爱幻想，所以上课时也会犯"神游"的毛病，时常学着学着就看着窗外发起了呆。尤其是他自己一人在房间做作业的时候，就更容易走神了，所以他每次做作业都耗费很多时间，作业的完成质量也不高。

一天，妈妈到房间中看他作业的完成情况，结果发现这个孩子又在走神了。妈妈刚想发火，但是想想之前也教育了很多次，似乎并不太管用，于是便想换一个方法试试。妈妈轻轻地敲了敲门，小路这才回过神了。他知道自己又犯错了，于是低下来头，不敢说话。

妈妈笑着说："宝贝，你在想什么？"小路支支吾吾地说："没想什么！"妈妈说："没关系，妈妈不批评你，你好好和我说一说。"小路说："我在想海底世界真是太奇妙了！那里有各种美丽的鱼儿，还有千奇百怪的植物，要是我能到海底世界见识见识就好了。"

妈妈说："海底世界确实非常精彩，我们对于它的认识实在是太少了！"小路说："将来我想成为科学家，探索神秘的海底世界，然后让人们见识到更美妙的海底世界！"

妈妈说："很好，不过你得好好学习才能实现这个目标。如果你现在不好好学习知识，怎么能成为科学家？你不能成为科

学家，又怎么能探索海底世界呢？你爱幻想是好事，只有爱幻想的孩子才有创造力。不过，这不代表你可以每天胡思乱想，做作业的时候走神分心。你应该知道什么时候认真学习，什么时候发挥自己的想象力。现在你应该知道自己做什么了吧！"

小路想了想说："我知道了，我应该认真学习！"于是，他打开了书，认真地看了起来。尽管小路还是爱幻想，但是在妈妈的帮助下，他开始努力锻炼自己的注意力，开始的时候努力做到 20 分钟不分心，然后是半个小时、40 分钟……

即便有时候走神了，他也会很快提醒自己集中注意力。果然，经过了一段时间的努力，小路有了很大的进步。

所以对于那些爱幻想、爱神游的孩子，父母千万不能非打即骂，而是应该给予正确的引导。要允许孩子发挥自己的想象力，同时加强孩子专注力和注意力的训练。

### 3. 孩子遇到了难题，父母要及时给予帮助

还有些孩子之所以磨洋工，是因为功课比较难，孩子不会做，但是又不好意思或是不敢问父母。这时候，父母如果再因为孩子磨蹭而打骂孩子，那么孩子就更不敢提问了。时间长了，孩子做作业"磨洋工"的不良习惯就养成了，之后即便功课不难，孩子也快不起来了。

而且这种磨洋工的习惯会渗透到孩子生活的各个方面，给孩子的生活带来很多不利影响。所以，父母看到孩子做作业速度慢，应该询问他是不是遇到了难题，并给予正确的帮助和引导。

总之，孩子做事情身在心不在的原因有很多，父母应该找到问题的根源所在。只有真的了解孩子，才能纠正孩子身上的不良习惯。

**5.**

# 天生慢性子，什么事都不着急

有的孩子并不是故意拖延，而天生就是慢性子，说话慢条斯理的，做事情不紧不慢的。即便别人在一旁已经着急地不得了了，他们依然是雷打不动，慢悠悠地说"有什么可着急的"，真是让人哭笑不得。

其实，很多时候慢性子的孩子大多不觉得自己行动慢，而是认为自己有自己的节奏。有的孩子平时看起来慢悠悠的，但是做什么都有条不紊，到了关键时刻可以干净利落地解决所有问题。如果孩子是这种情况，那么父母就没有什么可担心的了，这只是孩子成熟稳重的表现。这样的孩子知道轻重缓急，知道如何提高学习效率，镇定沉稳，没有其他孩子身上毛躁、冲动的缺点。

可是如果孩子始终都是慢悠悠的，到了火烧眉毛的时候还不知道抓紧时间，那么父母就应该重视起来了。这样的性格不仅会让孩子养成拖拉懒散、做事迟缓的坏习惯，每天浪费掉很多时间，还会耽误很多重要的事情，使其招来不必要的麻烦。孩子长大成人之后，也会因为这样的习惯而失去无数成功的机会。

　　阳阳是一个天生慢性子的孩子，做事情总是不着急不着慌。吃饭慢悠悠的，全家最后吃完的人总是他；出门也是如此，爸爸妈妈等已经准备好了，他还在不紧不慢地穿衣服、拿书包；在学校也是如此，回答老师问题的时候，他总是比别人慢半拍；体育课的时候，别人都已经排好队了，他还在后面慢悠悠地走。

　　因为这个问题，老师找阳阳父母谈过好几次，可妈妈总是说："我家孩子天生就是慢性子，做什么事情都不着急，我总是说他、催他，可是就是没有什么效果。我也没有什么办法了。"

　　眼看孩子已经上小学五年级了，可是学习成绩却非常糟糕，因为他行动慢，做题、阅读花费的时间都比别人多，学习效率和成绩自然就提不上去了。每次考试的时候，别的同学都能按时做完试卷，并且还有检查试卷的时间，而阳阳却有好几道大题没有来得及做，这样怎么能取得好的成绩呢？其实，很多知识他并不是没有掌握，是因为做题速度慢来不及完成。

　　遇到这样的孩子，老师和父母怎么能不着急呢？难道就真的放任孩子不管吗？

　　对于阳阳这样的孩子，如果父母真的放任不管了，那孩子的未来就真的没有希望了。但父母也不能冲孩子发脾气，或是打骂孩子，这样的教育方式对孩子来说没有一点效果，还会让他产生"破罐子破摔"的心理。

　　作为父母，应该正确地引导孩子，采用一些巧妙的方法让孩子"快起来"。

## 1. 增强孩子时间观念，让孩子合理计划和利用时间

父母应该多给孩子鼓励，根据孩子的实际情况来增强孩子的时间观念，让孩子合理地计划和利用自己的时间。

比如孩子画画速度慢，父母可以给孩子定时，要求他在规定的时间内完成绘画任务。如果孩子按时完成了任务，那么下一次，父母可以适当地减少一些时间。然后，在之后的时间安排上，父母可以慢慢地逐步减少时间，增加孩子做事的紧迫感，这样一来，孩子就会在无形中提高做事的速度。

## 2. 加强孩子的体育锻炼，提高孩子反应能力

父母还可以加强孩子的体育锻炼，采用一些运动来训练孩子的反应能力，比如打乒乓球、羽毛球等。孩子的反应能力提升了，行动就会变得快起来，做起事情来自然就不会慢悠悠的了。

## 3. 让孩子体验慢性子的害处

父母也可以故意放慢自己的行动，让孩子体验下慢性子的害处。比如和孩子约好了去玩时，你可以有意地慢慢行动，孩子催了也不要着急，让他设身处地地体会到等待别人的"煎熬"。

对于孩子来说，这是一种视觉和心理的双重刺激，使他清楚地知道自己平时的行动有多慢，自己浪费掉了多少时间。

当然，父母事后一定要正确教育孩子，让他认识到自己的不足，而不是讽刺和奚落地说："你也知道着急啊！"否则，这样的

教育根本无法取得很好的效果。

## 4.给予孩子包容，慢慢进行引导他改正错误

孩子慢性子，做事效率低，这是孩子的天性使然。父母们千万不要一味催促孩子，更不要企图改变孩子的本性，这样对于孩子的心理伤害更大。

父母应该在尊重和包容孩子的前提下，慢慢地对他进行调教和引导，如此孩子才能变得更高效起来，并且自然健康地成长。

## 6.
## 分散注意力，自然就会消耗时间

路航做事情缺少专注力，上课听讲听到一半就会想玩篮球的事情，做作业时不时看着窗外发呆。做其他事情也是如此，看他表面上是认真做事，可实际上思想早就不知道跑哪里去了。有时候，妈妈看他在那里坐着，想要让他帮助自己拿下东西，可叫他好几声他都没有反应。

他还是一个坐不住的孩子，就连吃饭的时候都爱做小动作，不是抠抠这就是抠抠那。当父母批评他的时候，他就会很委屈地说："我也想安静地坐一会啊，可是就是坐不住啊。"

因为路航注意力分散，无法专注在一件事情上，所以让父母非常担心。

其实，很多孩子身上都有这样的毛病。同样是做一件事情，有些孩子很快就能完成，有些孩子却需要花费很长的时间才能完成。这并不是孩子智商的问题、能力的差别，而是孩子是否拥有专注力，是否集中注意力的问题。

事实上，注意力分散与做事磨蹭有着不可分割的关系。

一个孩子自控能力差，就很容易被别的事情吸引。不管是眼前的玩具，或是外面的喇叭声，或是他脑袋中突然冒出的一些莫名其妙的想法，都会把他的注意力分散掉。当他在想其他事情的时候，就会中断本来应该做的事情，浪费掉很多宝贵的时间。

面对这样的情况，父母应该培养孩子的专注力。所谓专注力就是孩子注意力的稳定性，简单来说就是让孩子把手眼心脑都集中在一个事物上，并且持续一段时间，不受外界因素的干扰。

正如 19 世纪俄国教育家乌申斯基所说："注意力是唯一的窗户，只有经过这个门户，外在世界的印象才能在心里引起感觉来。如果印象不把我们的注意力集中在它身上，那么，虽然它也可以影响我们的肌体，但我们是不会意识到这些影响的。"

可以说，专注地去做事情，我们的行动才能更快，效率才能更高。一个人如果注意力不集中，那么任何小事都能让他分心，任何声音都能吸引他的注意力。如此一来，他做事情自然就磨蹭了，时间自然就被耽搁了。

所以，作为父母，要锻炼孩子的专注力，避免孩子在做事情

时分散注意力。

## 1. 孩子专注做事时，父母千万不要打扰

专注力都是从孩子小时候培养的，可事实上很多父母并没有这样的意识，总是在孩子专心做某件事情的时候干扰孩子，久而久之，导致孩子注意力分散，不能长时间地专注某一事物。

图图非常喜欢画画，每次画画的时候都非常专心，即便画一两个小时都不嫌累。可图图妈妈却总是担心孩子累了、渴了，一会儿对孩子说："宝贝，你累不累，我们休息一会再画吧！"一会儿给孩子送水，说："孩子，好长时间了，你喝口水吧。"

就是因为妈妈总是不断打扰孩子，让图图不能集中注意力做一件事情，所以图图养成了做事三心二意、注意力不集中的坏毛病。

要知道，孩子是最容易受外界因素打扰的，父母那些看似无意的举动，却给孩子带来很大的干扰，破坏孩子的专注力。

所以，如果孩子专心地做一件事情，即便是撕纸片，或是拿着画笔涂鸦，父母也不应该介入和打扰。即便是孩子在玩游戏、看电视，父母也不应该毫不顾忌地打扰孩子，一会让孩子做这个，一会让孩子做那个。

## 2. 让孩子专注做自己喜欢的事情

很多孩子在平时容易走神，注意力不容易集中，可是在做自

己喜欢的事情时却可以专注很长时间。

比如有的孩子比较喜欢画画，连续画一两个小时都不会分心；有的孩子喜欢打篮球，一到球场就会全身心地投入。

这时候，父母千万不要责怪孩子不务正业，强迫孩子去学习、写作业。只要孩子能够集中注意力做一件事情，父母就应该给予大力支持。当这份专注养成一种良好习惯的时候，对于孩子做其他事情也会产生好的影响。

### 3. 不要打扰孩子的思考

孩子在思考的时候，父母千万不能随意打断孩子。如果孩子在思考问题时，父母总是在孩子旁边催问："你知道怎么做吗？""是不是可以想到好办法？"那么孩子的思绪就会被打断，造成注意力的分散。时间长了，孩子就无法集中精神思考了，从而缺乏专注思考的能力。

总之，注意力分散是孩子做事情拖延的重要原因。父母如果想要孩子有效地节省时间，提高做事效率，就应该培养孩子做事的专注力，避免分散注意力。

## 7.

# 要有节制，别一玩就没完没了

我们身边总是有这样的孩子：

放学了不回家写作业，而是在外面和同学们疯玩；回家之后

把书包一丢，就打开电脑玩游戏；爸爸妈妈不允许在家玩电脑，就偷偷地到网吧玩游戏，沉迷于游戏中不能自拔。

这些孩子玩起游戏就来了兴趣，并且很快就着迷了，无法停下来。可一提到学习，他就立刻表现出不愉快的情绪，父母催好几次都不见他行动；父母一让他做些家务，他就会找各种理由推脱，好不容易行动了还三心二意。

虽然贪玩是孩子的天性，但是这些孩子却没有自控能力，一玩就没完没了，不仅浪费了大量时间，还养成了不良的生活习惯。

13岁的小军非常喜欢玩网络游戏，每天回家后就打开 iPad 玩游戏，什么赛车、王者荣耀等等。开始的时候，妈妈觉得孩子学习任务重，玩些游戏没有什么大不了的，于是便没有对他进行严加管教。可后来，妈妈发现这孩子玩游戏的时间越来越长，一玩起来就忘记了时间，甚至在吃饭的时候还想着游戏里的事情。

于是妈妈开始禁止小军玩 iPad，可他还是会偷偷地躲在房间内玩个没完。无奈之下，妈妈只好断了家里的网络，把 iPad 锁到柜子中。之后，小军规矩了几天，妈妈以为他已经认识到了自己的错误，所以感到非常高兴和欣慰。

可妈妈发现，小军回家的时间越来越晚，问他就说是在同学家写作业，或是在学校打篮球。有一天下午，快7点多了，小军还没有回家，妈妈非常着急，便到同学家中寻找。谁知她在路上遇到了小军和几个同学，几个人正在兴高采烈地谈论着："今天玩得真过瘾，把对方打得落花流水。""是啊，对方真是太菜了，我们还没有发挥全部的功力呢！"

这下，妈妈才明白了事情的真相：小军这段时间并没有在同学家学习，也没有在学校打篮球，而是到附近的网吧玩游戏。回家后，妈妈生气地骂道："你竟然学会撒谎了，还敢偷偷地到网吧玩游戏！说，你还去不去？"小军不服气地说："谁让你锁了我的 iPad，让我没有办法玩！"妈妈气得一句话也说不出来。

小军贪玩，沉迷于游戏之中不能自拔。我们可以理解小军妈妈着急的心情，但是采取这种强硬的手段却显得有些欠妥。正因为如此，小军的逆反心理被激起，生气地对妈妈说："你越是不让我玩，我就越要玩！"

父母应该意识到，想要让孩子改掉贪玩的毛病，需要的是正确积极的引导和教育，而不是直接制止或是斥责、打骂。

那么，如何让孩子有节制地玩，而不至于失去了控制呢？

## 1. 父母不能扼杀孩子天性，让孩子有节制地玩

很多父母抱怨孩子贪玩，为了让孩子好好学习，于是便杜绝孩子接触一切游戏。一旦孩子想要看看电视、玩玩游戏，他们便大声地斥责："你整天就想着玩，还不赶紧去做作业！"其实，这样的教育方法是错误的。

要知道，贪玩是孩子的天性，父母如果扼杀了孩子的这一天性，不仅对孩子的学习没有任何益处，还会对孩子身心的健康发展有害处。

北大教授郑也夫说："如果一个孩子不贪玩，比不爱读书更可怕！"一个孩子贪玩并不意味着他就是坏孩子，玩得好、玩得对

可以激发孩子的创造力和想象力，提高孩子的智力。比如说，益智游戏有利于开发孩子的智力，激发孩子的想象力；篮球、足球等体育运动有利于增强孩子的体质，并可以让孩子放松精神。

如此说来，父母是不是不管孩子了，让孩子尽情地玩，想怎么玩就怎么玩？当然不是。

让孩子玩，当要让孩子有节制地玩，否则孩子就会顾此失彼，把时间都浪费在游戏上，却对学习越来越没有兴趣。

### 2. 慢慢地减少孩子玩的机会，给孩子缓冲的时间

对于那些对玩游戏已经着迷的孩子，父母一下子让他戒掉游戏是不可能的事情。慢慢地减少他玩游戏的机会，并且让他认识到贪玩的害处才能解决根本问题。

父母可以逐步减少孩子玩游戏的时间，比如开始时，每天可以让孩子玩 1 个小时，然后慢慢地减少为 30 分钟、20 分钟；或是可以允许孩子每隔一天玩 1 个小时，然后是每隔两天玩一个小时。周末的时候，父母可以让孩子多玩一会，不过一定要规定好时间，时间到了孩子就必须停下来。

如果孩子按照父母的要求做了，父母应该及时给予孩子奖励和鼓励，让孩子有坚持下去的动力。

### 3. 增加孩子的学习兴趣，丰富孩子的业余生活

父母可以尝试激发孩子学习的兴趣，适当增加一些与学习有关的物品，给孩子买一些有趣的图书，为孩子营造良好的学习氛围。

父母还可以多带孩子做做运动，不要让孩子总是闷在家里学

习，比如让孩子打打篮球、跑跑步；或是给孩子报感兴趣的兴趣班，把孩子的时间和精力转移到音乐、美术等兴趣上来。

### 4. 引导孩子做好自我管理，处理好学习和玩之间的关系

想要让孩子不贪玩，更为重要的是，父母要引导孩子学会自我管理，让孩子处理好学习和玩之间的关系。

比如父母引导孩子做合理的时间计划，计划什么时间学习，什么时间玩；让孩子学会该学习的时候就全身心地投入到学习之中，到了玩的时候就尽情地玩，不要想学习的事情。

只要做好了自我管理，孩子才能有节制地玩，不会因为玩而忘记了学习，更不会沉浸在玩游戏之中不能自拔。

## 8.
## 周末放假，不要总把作业推到最后一晚

"周末是我最高兴的时间，因为我不用早早起床上学，可以尽情地玩，和朋友去公园聚会，或是看自己喜欢的动画片。"

"有作业怎么办？没关系，反正有两天的时间呢，等我玩够了再做也不迟！"

有这样想法的孩子并不少，他们一到周末就像撒了欢一样，想干什么就尽情地干什么，想玩多长时间就玩多少时间，早就把作业抛在脑后。如果爸爸妈妈催他写作业，他就会从周五推到周六，从周六推到周日，然后再从白天推到晚上，直到周日晚上才

开始"挑灯夜战"，连夜赶工。

或许孩子们觉得这样的行为并没有什么不好的。但是，这样的习惯却会让孩子失去大把时间，使得自己的学习和生活一团糟。就好像著名作家屠格涅夫说的："明天，明天，还是明天，人们都这样安慰自己，殊不知，这个明天，就可以把他们送进坟墓。"

所以，父母要告诉孩子，不要总是把作业拖到最后一晚，也不要把"过一会再做"挂在嘴边，否则吃到苦果只能让你自己承担承担。

二年级的小超就是上面我们说到的那种孩子。他每天放学第一件事情就是玩，妈妈要求他先写作业再去玩，可是他不是借口说饿了要吃东西，就是说想先看一集动画片再写。结果，等到吃饭的时候，他还是不肯开始写作业。有时候妈妈催促急了，他就不耐烦地说："我每天上学已经够累了，你就不能让我休息一会吗？我要吃饭之后再写作业！"然后小超就会一个人气哼哼地坐在那里看电视或是玩游戏，再也不理妈妈了。妈妈拿他一点办法也没有。

到了周末的时候，就更是如此了。从周五放学回到家，妈妈就开始督促他写作业，可他就是拖着不写，还振振有词地说："好不容易赶上周末，我要好好休息一下。反正还有两天的时间呢，你着什么急啊？"

一天，小超放学回家之后，妈妈对他说："这周天气非常好，我和爸爸准备带你到郊外爬山，顺便品尝农家美食。"小超听了非常高兴，抱着妈妈又笑又跳地说："真是太棒了！我们一家人好久没有一起出去玩了，这次我一定要玩个痛快！"妈妈看着他如此兴奋，便顺势对他说："可是，我有一个要求，你必须今天晚上把作业写完。否则你疯玩两天，哪还有精力和时间写作业啊！"小超笑着说："我知道了，我一会就能写完。等吃完饭，我马上就写！"

吃完饭了，妈妈催着小超写作业，可他正在兴致勃勃地看某综艺节目，于是敷衍着说："我知道了。这个节目特别有意思，同学们都在看，我也不能错过，否则下周一他们谈论的时候，我就插不上话了！"结果，整个晚上的时间，小超都在电视机前度过了，连作业本都没有拿出来。

周六上午，一家人来到了郊外，找个农家院安顿好便开始爬山了。晚上，虽然小超也带上了作业，可妈妈看孩子爬山累了，又不想扫了孩子的兴致，就没有再催他写作业。周日的时候，等到他们回到家时已经是下午了。

小超的兴奋劲还没有过，只顾着与同学们微信聊天，说着爬山的感受，哪还有心思写作业啊！结果，等到他终于静下心写作业的时候，已经是晚上7点多了。这一次，小超依然没有改掉把作业拖到最后一晚的坏毛病。

而这样的事情已经发生了很多次了，小超的爸爸妈妈一点办法也没有。

造成这样结果的原因有很多，但重要的一个原因还是父母的纵容。当孩子以各种理由推脱不肯写作业的时候，父母并没有严厉地制止，更没有给予孩子正确的引导，所以才导致孩子坏习

惯的养成。

当小超的父母开始意识到问题严重性的时候，孩子已经很难改掉这样的坏习惯了。事实上，孩子总是把作业拖到最后一刻的习惯，对于孩子未来的成长和发展是非常有害的。未来，孩子会习惯性地把所有事情都向后拖，不到最后一刻不行动，结果导致任何事情都不能更高效、更出色地完成，使得自己的生活和事业都一团糟。

更重要的是，孩子一旦如此，就会变得毫无热情和斗志，失去很多宝贵的机会，从而陷入平庸的人生。

所以，作为父母，一定要纠正孩子这种不良的习惯，给予孩子正确的引导。

### 1. 让孩子安排好学习和玩之间的关系

虽然周末是休息的时间，但是父母应该让孩子知道，适当的休息应该和适当的学习相结合，不要因为玩而忘记了学习。

当然，父母也没有必要非逼着孩子周五晚上，或是周六上午就必须完成作业，这样反而会让孩子产生逆反心理。父母可以让孩子合理安排时间，比如每天写两个小时作业，或是安排周六的时间完成作业，然后安排周日的时间休息、做游戏。

### 2. 引导孩子从小就养成先完成作业的习惯

父母还应该知道，一切好习惯都是日积月累形成的，所以，父母在平时就应该让孩子养成按时完成作业的好习惯，避免孩子拖拉的行为。

父母可以考虑孩子的年龄和作业量，给孩子规定好做作业的时间。只要孩子做完了作业，父母就给予孩子自由玩耍的时间，那么孩子就不会逃避写作业了。

## 9.
# 事情做不完，以前的时间就白费了

有的孩子好奇心很强，什么事情都想要尝试一下。可这些孩子的随意性又很强，没过一段时间，就会对这件事情失去了兴趣，完全把它放到了一边；

有的孩子则没有韧性，容易半途而废。他们在做一件事情的时候，开始时兴致勃勃，声势很大，可做着做着就没有什么劲头了，最后只能草草地结束；

还有的孩子开始还算认真地做事情，可一旦遇到了些困难和波折，就干脆放弃了努力；

……

这些孩子有一个共同点，那就是做事情总是有始无终、半途而废。不管他们开始有多积极，有多努力，最后却都无法坚持把事情做完。或许他们有很多借口，比如失去了兴趣，或是遇到了困难，或是被其他事情耽误了。

但是不管怎么说，这些孩子并没有坚持把事情做完，并且没有事事都获得一个好的结果。而事情做不完，那么之前所花费的时间和精力也就白白浪费掉了。

所以，不管是在学习上还是在生活中，父母都应该给予孩子正确的引导，避免让孩子半途而废，虎头蛇尾。即便孩子在做很小的一件事情，父母也要鼓励和督促他们努力做完。

莉莉做什么事情都没有什么长性，不管是多喜欢的事情都没有坚持做完的时候。她喜欢画画，可是每幅画都画了一半就放弃了，在她的画册上有缺了一条腿的长颈鹿，有只画了荷花却没有荷叶的池塘，还有画了线条却没有涂色的作品……

后来她又对跳舞产生了兴趣，妈妈为了培养她的兴趣，特意给她报了舞蹈班，可是没过多长时间她就没有兴致了。她开始想方设法地逃课，每次上课的时候不是说肚子疼就是说头疼。

妈妈说："你这孩子不能什么事情都半途而废，这跳舞是你要求报班的，怎么着也应该坚持一个学期啊！"可莉莉却不以为意地说："我当时对跳舞很有兴趣，所以想要学。可现在我已经没有兴趣了，所以就不想学了。没有兴趣怎么学啊？反正我就是不去学了！"妈妈也很无奈，只好依着她。

不管做什么事情，莉莉只要遇到一点困难，就会立即选择放弃。做作业的时候，遇到了不会的题，她从来不会积极思考，不是空着就是求助于妈妈；做手工的时候，动物的一个部位捏不好，就随手把所有东西扔在一旁，不再继续做下去了。

因为莉莉做事情习惯了半途而废，没有什么事情是真正做完的，所以她的生活和学习都一塌糊涂。

我们常说："好的开始是成功的一半。"但是如果只是有一个好的开始，却没有坚持到最后，坚持把事情做完。那么，即便有再好的开始，也是白费功夫。做事情不能只有一个好的开始，我们需要有始有终，善始善终，只要这样，我们才能做成事情，做好事情。

父母应该引导孩子养成坚持到底的好习惯，避免孩子形成半途而废的坏习惯。具体来说，父母应该做到以下几点：

## 1. 父母不要纵容孩子，要积极引导孩子改正坏习惯

孩子做事情总是半途而废、有始无终，绝大部分原因是由于缺乏自制力和责任感，习惯了什么事情都随着自己的性子来。而且孩子越小就越没有耐心，无法长时间把自己的精力集中在一件事情上。

这个时候，如果父母对其不管不顾，那么孩子就会越来越任性，什么事情也做不完，什么事情也做不好。因此，作为父母，应该让孩子改掉的坏习惯，养成做事有始有终的好习惯。

## 2. 让孩子成为一个有耐心的人

要想培养孩子做事有始有终的好习惯，父母必须培养孩子的耐性，让孩子成为一个有耐心的人。

事实上，4岁的孩子就可以有足够的耐心做自己想要做的事情了。

科学家曾经做过一个实验:他们发给孩子1颗糖,如果孩子马上吃掉这颗糖,那么他只能获得这颗糖;如果孩子20分钟之后把糖吃掉,那么他就可以额外再获得一颗糖。

结果很多孩子都可以耐心等待,暂时不吃手里的那颗糖。他们为了让自己抵住诱惑,或是闭上眼睛不看糖,或是做别的事情,或是头枕双臂自言自语……

所以,作为父母想要从小培养孩子的耐心,可以采取这样延迟需求满足的方式。当孩子不再急于想得到自己想要的东西,自然就有了耐心。

### 3. 培养孩子的责任心,灌输一些责任意识

父母还可以在日常生活中,多培养孩子的责任心,灌输给孩子一些责任意识。由于孩子缺乏责任心,认为做不做完事情都是无所谓的,所以他们会随着自己的性子来,想要就做,不想做就马上放弃,丝毫不考虑事情的后果。

在日常生活中,父母应该有意无意地给孩子灌输一些责任意识,比如,可以对孩子说,"家务是每个家庭成员必须要做的,你应该做自己的分内之事""学习是学生的责任,每个学生都应该好好学习""既然决定做一件事情,就应该把事情做好"……

孩子有了责任感,学会了对自己的行为负责,自然就不会轻易地放弃正在做的事情了。

### 4. 增强孩子的自信心，鼓励孩子克服困难

当然，很多孩子半途而废是因为他们对自己缺乏信心，对自己的能力不自信，所以，一旦遇到困难，他们不是选择去面对和解决问题，而是下意识地逃避问题，或是放弃继续努力。时间长了，孩子自然就会形成这样的习惯：遇到难处就放弃，遇到问题就退缩。

针对这种孩子，父母需要帮助他们渡过难关，让孩子学会如何克服困难，并且给予孩子鼓励和支持，增强孩子完成任务的信心。当孩子从父母那里获得了做事情的信心，自然就有了坚持把事情做完的动力。

总之，有始无终的坏习惯会让孩子浪费掉很多时间和精力，还会让孩子缺乏耐性、坚持和责任，所以父母要正确引导孩子，让孩子把事情做完做好，做一个善始善终的人。

# 第四章

## 时间是挤出来的
### ——制订计划，合理利用时间

**04**

所谓计划，就是在规定的时间内，做好自己应该做好的事情。有了计划，孩子们就会按部就班地做事情，合理地分配时间和精力；有了计划，孩子们就不会盲目地行动，可以在正确的时间做正确的事情。而没有了计划，做事不仅缺乏了条理、顺序，更会失去了方向和目标。所以，父母要教会孩子制订计划，合理地利用自己的时间。

## 1

# 没有计划，就是浪费时间

很多孩子对于时间的支配是毫无计划的，他们想做什么事情就做什么事情，想什么时间做就什么时间做，就好像是脚踩西瓜皮，滑到哪里算哪里。

这是非常不好的习惯。没有计划，行动就是盲目的，孩子们就会荒废了时间；没有计划，生活就是混乱的，孩子们就会失去了前行的方向和目标。所以，不管做什么事情，父母都应该让孩子学会制订计划，合理地分配自己的时间和精力，这样一来，孩子才能一步步地接近自己的目标，更高效地做好每一件事情。

正如法国著名文学家雨果所说的："有些人每天早上预定好一天的工作，然后照此实行，他们是有效利用时间的人。而那些毫无计划、遇事现打主意过日子的人，只有混乱二字。学习也是一样，有计划的人，不仅学习有条理、有顺序，而且有目标、有方向。这样当然效果会比没有计划随意学要好得多。"

对于一个孩子来说，如果他缺少了条理性和时间观念，没有在做事之前就做好了计划，那么就很难抓住事情的重点。更重要的是，没有计划，不仅会让孩子们浪费掉很多时间，还会使其陷入了一个没有条理、盲目做事的恶性循环之中。

小瑞做事情总是很随意，没有做计划的习惯。妈妈时常对他说："你应该学会计划安排好自己的时间，这样做起事情来才不会手忙脚乱，才不会像只没头的苍蝇一样到处乱撞。"

小瑞却毫不在乎地说："我每天就做这么点事情，除了写作业就是上学、吃饭，哪用得着做什么计划啊？这点事情我轻轻松松就搞定了！"于是，小瑞养成了做事随意的坏习惯，不管是学习还是生活，都习惯了东一榔头西一棒槌，想做什么就做什么。开始他还觉得自己很自由，可慢慢地，弊端就暴露出来了。

考试之前，其他同学都做好了复习计划，按部就班地复习每一门功课。可是他却翻翻这个看看那个，感觉每个内容都复习过了，可是又感觉每个内容都没有掌握，尤其是那些重点知识。这是因为他平时做作业、复习的时候就非常随意，没有一个好的计划，完全按照自己的性子来看书。结果，每次考试总是成绩平平，没有什么进步。

生活上也是如此。周末休息，他不懂得事先安排好自己的时间，一会想要打篮球，一会想要看电影，结果既耽误了打篮球，又没有看成电影。

有一次，学校组织春游，妈妈事先提醒他收拾好自己的行李，把需要带的衣物、食品都整理好。他却不在乎地说："我知道了，这些东西很好弄的。"结果爸爸妈妈都快要睡觉了，小瑞房间还亮着灯。妈妈推开门，看见小瑞还在玩游戏，便说："你该睡觉了，要不明天就迟到了。"小瑞满口答应了。

第二天早上，直到妈妈叫他，他才起床。谁知，他的第一句话竟然是："哎呀，我的行李还没有收拾呢？"结果，他只好匆忙地收拾好行李，急匆匆地与同学们集合。当然，他迟到了，全班都在等着他一个人。

生活中，像小瑞这样的孩子有很多，他们觉得随意是好的，不愿意事先做好计划。结果，这些孩子因为不懂得支配自己的时间，搞得生活学习一团糟。尤其是时间紧迫的时候，这样的孩子做事会更加慌乱，不知道该先做什么后做什么，搞得自己晕头转向。

制订计划可能会约束我们的行为，可正是因为这种约束性才能让我们养成好习惯，合理地支配自己的时间，并且有条理、有目标地做好每件事情。否则，我们的生活就会陷入一种茫然无序的状态中，既浪费了自己的时间，又无法达到预期的效果。

所以，作为父母，应该让孩子知道做计划的重要性，避免让孩子成为做事盲目的人。

## 1. 让孩子学会制订科学合理的计划

作为父母，应该让孩子们知道，时间是最公平的，对任何人都一视同仁。每个人每天只拥有 24 个小时，不会多也不会少。可是如果一个人能够合理地利用时间，为自己制订科学合理的计划，并且有计划地去支配时间，那么他就会比别人做更多有价值的事情。

比如孩子做作业的时候，父母可以帮助孩子做一个合理的计划，让孩子先复习当天学习内容，再做好课后作业，然后再预习

第二天要学习的内容; 孩子周末休息的时候, 父母应该引导孩子合理地支配时间, 协调好做功课、外出游玩、做家务、锻炼身体等等事务的顺序。

当然这些只是针对某件事情的具体计划, 为了让孩子更好地生活和学习, 父母还应该帮助孩子制订出长期的时间支配计划。

## 2. 和孩子商量, 让孩子有属于自己的计划

由于孩子已经有了独立意识, 所以在引导孩子制订计划的时候, 父母可以给孩子提出建议, 但不要强行要求孩子按照自己的意愿做事情。

最好的办法就是和孩子一起谈论和商量, 并且让孩子自己决定自己的计划。这样一来, 不仅可以让孩子锻炼自己的独立能力, 还可以激发孩子的积极性, 让孩子更愿意把这个计划坚持下去。

## 3. 计划要合理, 兼顾各个方面

孩子们的生理和心理发育都不健全, 需要在思想、学习和身心等方面全面发展。所以, 父母不仅要帮助孩子做好学习计划, 规划好学习时间, 还应该给孩子安排好锻炼身体时间、睡眠时间、文化娱乐时间, 尽量做到兼顾各个方面。

总之, 古人说"凡事预则立, 不预则废"。父母让孩子学会有计划地去做事, 拒绝盲目性和随意性, 将来孩子才能收获更多的东西。

## 2.

# 计划制订，要考虑周全

　　有的孩子因为没有时间观念，不懂得制订时间计划，所以时常把自己弄得手忙脚乱。可是有的孩子制订了计划，也按照计划做了，却还是没能让自己摆脱糟糕的生活状态。这些孩子事情没少做，时间也没少花，可是事情没有做好，休闲娱乐也没有尽情享受，还把自己搞得疲惫不堪。

　　问题到底出在哪里呢？

　　究其原因，是因为这些孩子虽然制订了时间计划，却没有考虑周全，以至于计划出现了问题。

　　在制订计划的时候，我们要考虑周全，确保计划科学合理，这样，才更有利于我们更好地做事。父母在引导孩子制订时间计划的时候，应该考虑孩子的实际情况，制订符合科学规律的计划。否则，不仅不会让孩子做事更高效、节省更多时间，还会产生适得其反的效果。

　　生活中，我们时常看到这样的现象：一些孩子把自己的时间安排得满满的，从早上起床到晚上睡觉，每一分钟都安排了要做的事情。比如，他计划好了几点起床、几点刷牙，起床刷牙需要几分钟……然后，在这一天内，他们完全按照这个计划的条条框框来做事情。因为他们认为，只有这样，才能避免浪费时间，从而更高效地做事情。

　　这样的计划看起来非常清晰、有条理，让孩子们做事情可以

有据可循。可是这样的计划太详细了、太死板了，而且时间安排得太满了，缺少了灵活性和自由性。孩子很快就会被这满满的计划压得喘不过气来，并且产生了厌烦感，从而很难长时间地坚持下去。

涛涛之前是一个做事没有计划的孩子，对于时间的支配也是毫无计划，养成了拖延的坏习惯。在老师和父母的引导下，他认识到了制订时间计划的重要性。于是，他便向其他同学学习经验，给自己制订了一个详细的时间计划。

涛涛的时间计划是这样的：

早上6点半起床，5分钟洗脸刷牙，5分钟吃饭，早读20分钟，然后上学；中午放学后，10分钟吃饭，20分钟午读，午睡30分钟，然后上学；下午放学回家后，先复习30分钟英语，花30分钟做语文作业，再花30分钟做数学作业。吃饭后，继续学习1小时，主要是预习第二天的课堂内容。

做好上面的安排之后，时间已经到9点了，涛涛计划休息20分钟，在这段时间内洗脸刷牙；然后再背30分钟语文课文，或是英语单词。10点准时上床睡觉。

涛涛觉得这样的时间计划够完美、周全了，可是出乎意料的是，这个计划刚刚执行几天，他就坚持不下去了。他发现，虽然自己一天的时间都被安排得满满的，按时做作业、按时上床睡觉，可做起事情来并不高效。他做功课的速度和质量不仅没有得到提高，反而变得越来越慢。而且，他发觉自己每天的精神也没有以前好了，时常感到精神不振、疲惫不堪。

于是，他不得不向爸爸请教。爸爸看了看这个时间计划，说道："你有了规划时间的意识，这是很好的行为。可是这个计划的制订并不周全，缺乏合理性，你看你把时间安排得太满了，并没有考虑到自己的实际情况。你应该让时间更有弹性一些，更灵活一些，如此才能让自己提高时间利用率，更高效地学习和生活。"

听了爸爸的话，涛涛马上把时间计划进行了调整：早上6点半起床，花20分钟洗脸刷牙、吃饭；早读时间也进行了调整，或是饭前或是饭后，每天不少于20分钟；中午去掉了午读时间，晚上多安排了休息时间，不再规定每门功课必须学习30分钟，而是按照当天的学习内容进行安排。计划经过了调整之后，增加了执行的灵活性，而涛涛的生活和学习果然变得更加高效了。

我们说，不管是多么完美的计划，如果不符合个人实际情况，那么也起不到任何好的作用，反而还会造成相反的结果。

作为父母，在孩子做时间计划的时候，应该给予正确的引导，不要让孩子把自己的时间安排得太满，也不要让孩子把计划制订得太死板，否则只能让计划更快地流产。

父母可以给予孩子如下的指导：

## 1. 计划要具有灵活性，不能太死板

计划的制订应该具有灵活性，没有必要苛刻地要求孩子：规定孩子洗脸刷牙必须5分钟内完成，吃饭必须10分钟内完成。

父母应该要告诉孩子：你要调整好自己的心态，既要有计划地利用时间，又不能太死板地过每天的生活。在制订计划的时候，你可以把完成每件事情的时间增加10%—20%，合理地安排学习和休息的时间，这样才能增加自己计划的灵活性，避免把自己搞得太累。

## 2.计划的制订要从孩子实际情况出发

协助孩子制订计划的时候，父母应该要求孩子从实际情况出发，时间的安排一定不能超出自己的能力范围。

每天都只有24个小时，孩子能够真正可以利用的时间不过十多个小时。如果孩子的计划太严格，花费在学习上的时间太多，达到12或是15个小时，那么休息的时间就会被挤压掉，从而影响了身体的健康成长。

另外，每个人对知识的掌握程度是不一样，做事速度也是不同的。如果孩子花费30分钟才能完成的事情，却只给自己20分钟的时间，明显超出自己的能力范围，那么，他不仅无法更好地完成任务，还会因为无法完成而质疑自己的能力。时间长了，孩子就会变得越来越没有自信。

## 3.找出孩子的黄金时间，让孩子更高效地做事

计划的制订并不是随意的，我们必然要让时间的利用更加科学合理。在帮助孩子制订时间计划的时候，父母还应该让孩子找到自己的黄金时间，看哪一段时间孩子的大脑最好用、做事效率最高，然后把重要的事情安排在这一时间段。

通常，早晨是人的记忆力最好的时间，孩子可以在这段时间背诵课文、记忆单词；10 点到 11 点左右是一天里头脑最清醒的时候，孩子的思维能力、精力、体力等都是最佳的，孩子应该做一些重要的事情，包括思考、做题等。

下午 1 点到 2 点钟，孩子的脑力和体力状态都不好，应该让孩子多休息，不要做费脑费力的事情；晚上 8 点到 9 点钟，也是孩子记忆力最好的时候，可以安排孩子做功课。

晚上 10 点左右，孩子就应该休息了，因为 10 点到 11 点是孩子生长激素分泌最多、睡眠质量最高的时候。

总之，没有计划，时间就会大把大把被浪费掉。可是计划的制订不周全、不合理，孩子做事同样没有效率。所以，作为父母，应该指导孩子制订合理的计划，高效地利用时间！

## 3.
# 把大工程分解为小而简单的目标

很多孩子做事情速度慢，并不是因为他故意拖延，也不是因为他不懂得珍惜时间，而是因为他所做的事情太难了，超出了他的能力范围，而拖累了他行动的步伐。

或许在父母看来，孩子做的事情非常简单，没有什么困难，但是对于一个年幼的孩子来说，这件事情却具有难度，需要花费很长时间和很多精力才能做好。时间长了，孩子就会感到疲惫和厌烦，不是东张西望就是拖拖拉拉，无法很好地完成需要完成的

事情。

遇到这种情况，父母如果不能了解孩子，那么就会认为孩子是故意拖延，不用心做事情。他们没有看到孩子的委屈，没有看到孩子已经努力去做了，但是无奈这件事情太难了，孩子根本没有能力尽快地完成。

所以，作为父母，要关注孩子的做事速度，更要关注孩子拖延的原因。当孩子因为某件事情太难而无法尽快完成的时候，父母应该根据孩子的实际情况，来帮助他合理利用时间，让孩子有技巧地完成任务。

有一个小女孩，小时候身体非常柔弱，上学之后每次跑步都是最后一名。孩子自尊心非常强，她暗暗发誓说：我一定要超过其他人，成为跑步第一名的人。可是她越着急就越做不好，还时常因为训练得太辛苦而累倒了。这时候，女孩的妈妈对她说："孩子，你不要着急。你是最小、最柔弱的孩子，跑在最后面也是正常的。我理解你想要成为第一名的心情，但是你要知道，谁都不可能一下子就成为第一名。你需要慢慢地进步，慢慢地超越其他人。你不妨尝试着让自己每次都追上前面的那个人。"

小女孩点了点头，把妈妈的话记在心里。她把自己的目标设定为自己前面的那个人，每一次跑步都紧盯着那个人。开始的时候，她还是被拉得远远地，可慢慢地，她就追上了前一名。接下来，她追上了第二个人、第三个人……经过了整整一年的艰苦训练，这个女孩子终于超过了所有，成为了跑在队伍最前面的那个人。

在之后的学习和生活中，她始终都没有忘了妈妈的那句话"不要着急，不要妄想一下子成为第一名，最重要的就是追上前一名"。在学习上，她每次考试都努力超过一个同学，一步步地前进，一点点地进步。最后，这个女孩终于以优异的成绩考上了北京大学，后又被哈佛大学教育学院以全额奖学金录取。

这个女孩的名字或许你不陌生，她就是当年哈佛教育学院录取的唯一一个中国本科应届毕业生——朱成。2004 年 4 月，24 岁的她成为了哈佛历史上第一位研究生院学生会总会主席，在当时引起了很大的轰动。

对于跑在最后的人来说，想要成为第一名是非常不容易的事情，但是朱成的妈妈却让孩子把这个艰巨的任务分为无数个小目标，鼓励孩子每次努力追上前面的一个同学，结果，这样的方法终于让孩子实现了自己的目标。

对于一个普通的女孩来说，想要成为哈佛大学的高才生也是可望而不可即的事情。可是朱成通过自己一步步的努力实现了这个远大的梦想，因为她记住了妈妈的话，把这个远大目标分解成无数个小而简单的任务。她努力地学习，把目标定在前一名的同学，每次超越一个同学，最后终于成就了令人羡慕的辉煌成绩。

任何事情都不是一蹴而就的，父母不能奢望孩子在短时间内完成一个大任务，更不能奢望孩子一下子就能养成一个好习惯。

如果发现孩子拖延时间是由于任务太大、太难造成的，就应

该指导孩子把大工程分解成小而简单的几个任务，一个一个地去努力完成，如此，才不会让孩子感到疲惫厌烦，才会让孩子提高做事情的效率。

那么，父母们应该怎么办呢？

## 1. 不要让孩子长时间做一件事情

事实上，教育专家认为，孩子不可能长时间地做同一件事情。五六岁的孩子注意力集中的时间仅为 10 ~ 15 分钟，7 岁到 10 岁的孩子注意力集中的时间为 15 ~ 20 分钟，10 ~ 12 岁约为 25 分钟，而 12 岁以上的孩子注意力集中的时间也只能维持到 30 分钟左右。

如果父母总是长时间地让孩子做一件事情，并且不断地督促孩子快一些，会让他产生疲惫感，从而促使他形成拖延的坏习惯。而如果父母能够把事情分为几个阶段，让孩子一点点地完成，并且给予他足够的休息时间，那么孩子就会很快恢复精力，把注意力重新集中到所做的事情上来。

## 2. 把大任务分为小任务，让他一步步地完成

对于需要长期完成的任务，父母们不妨把任务分为几个小任务，然后再布置给孩子，让他一步步地完成，并且教他把时间合理地利用起来，这样，孩子才能提高做事的效率，并且提高做事情的专注力。

比如孩子想要练得一笔好字，并不是一两天就能实现的，这应该是一个长远的计划。父母应该给予孩子正确的指导，先让孩

子按照字帖描红，练好横竖撇捺等笔顺，然后再让孩子练习简单的字，一步步地来完成自己的小目标，如此一来，才能实现练得一笔好字的大目标。

做事情就像是上楼梯一样，我们需要一步一个台阶，一步步地爬上顶楼。所以，父母要引导孩子把大目标分解成多个容易实现的小目标。如此一来，孩子每达到一个小目标，就会体验到成功的喜悦，从而让自己更积极、更高效地实现大目标。

# 4.
## 坚持实行计划，以达成目标

制订一个计划是比较容易的事情，初期的执行也是比较轻松的。可是，是否能把这个计划坚持下去，却是一个很大的问题。

很多孩子为了节省时间、高效做事而制订了完美的计划。刚开始的时候，孩子们满怀激情地执行了，可是没坚持几天，他们就偃旗息鼓了，让计划成为了一纸空文。

父母应该让孩子们明白：不管什么时候，坚持都是我们达到目标的关键。坚持实行计划，我们才能养成合理利用时间的好习惯；坚持实行计划，我们才能摒弃懒惰、拖延的坏习惯。

所以，古人才会说："贵有恒，何必三更眠五更起；最无益，只怕一日曝十日寒。"如果觉得计划太难实现，就放任自己的懒惰，那么我们永远也无法实现自己的目标。如果我们执行了计划，可是因为短时间内没有效果而灰心丧气，甚至是直接放弃，

那么，制订多少次计划也是白费力气。

为了让小武提高英语阅读水平，爸爸妈妈协助他制订了一个阅读计划：早上起床后背 5 个单词，每天中午读半个小时课文；每天睡觉前朗诵一篇英语文章。

这个计划非常好，既没有把时间安排太满，又能够帮助孩子提高阅读水平。开始的时候，小武按照这个计划做得很好，可是没坚持 10 天，他就放弃了。因为他觉得自己的阅读水平并没有任何提高，他说："既然花了这么多力气，都没有看到效果，我为什么还要坚持呢？"

其实，这样的事情并不是第一次发生了，小武做什么事情都没有长性，很容易放弃自己的计划。

前一段时间，他听说适当的体育锻炼不仅可以强身健体，还可以缓解学习压力、提高学习效率。于是，他制订了一个锻炼身体的计划：每天早上到小区跑步半个小时，利用周末时间打打篮球、跳跳绳。他还规定了每天跑步 5 圈、跳绳 300 个。

可是这个计划也没有执行几天，他就放弃了，理由是"我每天学习时间都那么紧张，哪有那么多时间锻炼啊！"事实真的如此吗？并不是，他有时间玩游戏、看电视，却认为自己没有时间锻炼。

不难看出，小武的阅读计划和锻炼计划制订得都非常不错，但是却没有能够坚持下去，以至于让计划成为了泡影。也正是因为他缺少了坚持的毅力，所以不管做什么事情都无法取得好的结果。

对于还没有定性的孩子来说，坚持是最难的事情。因为他们正处于认识世界、探索世界的阶段，很容易被外界因素干扰，很难把精力集中到一件事情上来。

就好像在孩子还小的时候，如果父母问他长大后想干什么？他会用响亮的声音告诉父母："我想要成为科学家"。可没过多长时间，当父母再次提出这个问题的时候，他或许就会改变主意，说："我想要成为一名出色的医生。"并且同样是大声地、信誓旦旦地宣告。

可正是因为如此，父母才应该让孩子知道坚持的意义，让孩子明白这样的道理：不管做什么事情，你只有坚持到底，才能实现自己的目标。如果制订了计划，却没有坚持实行下去，那么计划就会落空。即便它再完美，也失去了它本来的意义。

那么，父母应该如何引导或指导孩子坚持计划，持之以恒呢？

## 1. 计划目的要合理，不要增加孩子的负担

想要让孩子坚持实现计划，父母就应该知道：制订计划是为了让孩子合理地安排时间，而不是为了给孩子增加压力和负担。

如果孩子原来完成一件事情，只需要做 2 个小时，那么制订了计划、对时间进行合理分配之后，孩子做事的时间应该有所减少，在一个半小时或是更少的时间内就可以完成任务。

可是如果孩子做事效率提高了，需要做的事情却增多了，任务加重了。那么，孩子就很容易产生懈怠、反抗心理，从而不愿意坚持实行父母制订的计划了。

## 2. 给予孩子一定的奖励，增加其自信心和积极性

为了刺激孩子坚持下去，父母应该给予孩子一定的奖励，以便增强其自信心和积极性。当孩子的积极性提高了，就会更愿意把这个计划继续执行下去。

比如，父母可以周末陪孩子去游乐园，给孩子买喜欢的礼物等，还可以让孩子自由支配节省出来的时间。

## 3. 不要操之过急，从小目标、小计划开始

当然，任何目标都不是一天两天能够完成的，孩子珍惜时间、高效做事的习惯也不是一天两天就能够养成的。父母在协助孩子制订计划的时候，不应该太操之过急，给孩子制订太大、太长远的计划，而是应该从小一点的目标开始。

著名诗人歌德有这样一句名言："向着某一天终于要达到的那个终极目标迈步还不够，还要把每一步骤看成目标，使它作为步骤而起作用。"

想要让孩子坚持实行计划，那么，父母们就把这句话告诉自己的孩子吧！

# 5.

# 计划"卡"住了，想办法和孩子一起解决

任何计划都不可能是完美的。在执行计划的过程中，孩子可

能会遇到这样那样的问题，从而影响了做事的速度和效率。

　　这个时候，孩子由于应变能力差，很可能会出现不知所措的情况，或是在某个问题上纠结不止，停住了前进的脚步，或是觉得计划不可能实现了，从而彻底放弃了计划。但不管出现了哪一种情况，这都会影响孩子做事的情绪和效率。

　　正因为如此，父母才不能对孩子所面临的困境采取袖手旁观的态度，而是应该积极想办法和孩子一切解决问题，耐心地给孩子指导，让孩子渡过这个难关。

　　如果父母只看到孩子做事的速度变慢了，一味地催促孩子，或是埋怨孩子，却没有探究其原因，那么这样的行为只会打击孩子的积极性和自信心，让事情变得越来越糟糕。

　　萱萱是一个胖胖的小女孩，安静可爱，可就是体重有些超标了，影响了身体的健康。为了让孩子拥有一个健康的身体，妈妈为萱萱制订了健康计划：每天早上跑步 30 分钟，晚上吃饭后到公园中散步 20 分钟。除此之外，妈妈还给孩子买了跳绳，规定她每天必须到公园中跳绳，每次不少于 200 个。

　　开始的时候，孩子确实按部就班地按照这个计划锻炼，效果也很明显。一个多月的时间内，萱萱的体重竟减少了 4 公斤。可是随着时间的延长和难度的增加，萱萱觉得自己的锻炼好像没有什么效果了。萱萱不仅体重没有继续减少，还出现了身体疲惫、心跳加快的情况。

　　正因为如此，萱萱失去了继续运动下去的动力。每次妈妈叫她去跑步的时候，萱萱总是说："我好累啊，今天可以不去锻

炼吗？而且，我每天这么辛苦锻炼也没有什么效果，我真的不想锻炼了。"

开始的时候，妈妈以为孩子想要偷懒，便强迫孩子去锻炼。可是过了几天，她才发现，孩子的训练确实出现了问题，萱萱精神好像没有以前好了，食欲也受到了影响。

为什么会出现这样的问题呢？为了搞明白这个问题，萱萱妈妈请教了医生和专业的健身教练，这才知道原来是这个训练计划出现了问题。萱萱不过是一个 10 岁的孩子，这样的训练强度有些太大了。开始的时候，孩子的训练出现了明显的效果，是因为孩子之前身体并不差，底子比较好。而后来由于长时间的高强度训练，孩子的身体出现了透支的情况，所以孩子才会感觉越来越疲惫，还出现了心慌、食欲不振的情况。

为了解决这个问题，萱萱妈妈立即改变了训练计划。这一次，她先是征求了萱萱的意见："萱萱，你觉得自己应该怎么训练呢？"萱萱说："我觉得早上跑步的项目可以保留，但是跳绳就不要再继续了吧！每次跳完绳之后，我都感觉非常累。我比较喜欢打乒乓球，妈妈可以每周陪我打半个小时的乒乓球。"

接下来，妈妈为萱萱制订了合理的训练计划，不再贪图快速起效，而是追求长期的坚持。当然，孩子的锻炼效果也比之前好很多，萱萱胖胖的身材不仅有所改善，而且身体还越来越健康。

萱萱妈妈帮助孩子制订了健身计划，可是由于超过了孩子的训练强度，所以在不久之后就出现了负面效果，导致计划"卡"

住了，孩子没有办法再按部就班地执行下去。幸好，萱萱妈妈找到了计划进行不下去的原因，帮助孩子解决了问题，这才让孩子的训练取得了明显的效果。

试想，萱萱妈妈如果没有能够追查其中的原因，而是一味地强迫孩子执行原本的计划，或是放任孩子不管，那么萱萱就很可能因为强度太大而导致身体越来越差，或是放弃了原本的计划，让健身锻炼这件事情不了了之。

所以，当孩子的计划"卡"住了的时候，父母应该帮助孩子想办法解决问题，让计划顺利地进行下去。

## 1. 鼓励孩子面对问题，找到问题的所在

计划"卡"住了，原因有很多，可能是孩子自己的能力不足，或者是经验不够，也可能是计划出现了问题。不管原因是什么，父母都应该帮助孩子找到原因，如此才能让计划顺利地进行下去。

父母应该告诉孩子，计划"卡"住了并不代表你能力不行、你失败了。父母应该让孩子调解好自己的情绪，找到计划"卡"住的原因究竟是什么。如果计划本身出现了问题，父母就应该帮助孩子完善计划；如果孩子做事角度、方式出现了问题，父母就应该帮助孩子调整做事方式，或是提高孩子的做事能力。

当然，父母也应该多听听孩子的想法，看看他们是如何看待问题的，看看他们是否对这个计划满意，这样一来，才能分析方方面面存在的问题和可能性。

## 2. 父母要多给孩子鼓励和支持

计划"卡"住了，孩子难免会出现挫败的情绪，有时候甚至认为是自己能力不够才导致计划进行不下去，从而失去了继续坚持下去的信心和勇气。

所以，父母应该及时关心孩子，给孩子安慰、鼓励，让孩子不会感到孤独无助。这时候，父母不要批评孩子，也不要埋怨孩子，应该尽量给予孩子一些积极肯定的评价，这样孩子才能继续坚持下去。

# 6.

# 给孩子一个最后时限，让他提高做事效率

很多父母不理解，明明有足够的时间，为什么孩子总是做不完事情呢？

其实，这是因为孩子们没有合理安排时间造成的。他们总是认为时间还有很多，不用太着急，结果时间都过去了才发现自己还没行动，等到再匆匆忙忙地开始时，却发现已经做不完了。

很多孩子，尤其是年幼的孩子，对于时间没有一个正确的认知，觉得时间是用不完的，所以他们做事情习惯了懒懒散散的，能拖延就拖延。这个时候，父母应该让孩子感受到时间的紧迫，如此才能让孩子更加认真地对待时间，并抓紧时间做本应做的事情。

在孩子做事情前，父母可以给他们设定一个最后时限。如果在这个时限内，孩子完成了任务，父母就给予其鼓励和奖励。相反，如果孩子在最后期限内完不成任务，父母就应该给他相应的惩罚，让他品尝到浪费时间的后果。时间长了，孩子就会养成合理利用时间的好习惯，就不用父母再催促了。

小伟很聪明，脑袋反应也很快，可就是有些依仗自己的小聪明，喜欢做事情偷懒。他知道自己头脑聪明，别人花10分钟学会的东西自己用5分钟就可以弄明白，所以做事情不积极不主动，甚至养成了能偷懒就偷懒的坏习惯。

老师让所有孩子一起做事情，别人早就开始行动了，他却总是等到老师快检查的时候才开始行动。妈妈让他收拾自己的房间，他也是能拖就拖，嘴里还说着："不急，我一会就可以搞定。"时间长了，他就养成了不到最后一刻不行动的坏习惯，结果不管是在生活中还是学习上都喜欢拖延。

这让父母感到非常着急，妈妈知道"最后时限"可以帮助孩子改掉拖延的坏毛病，提高做事效率，便采用了这个方法。她每次让小伟做事情的时候，都会特意交代说："你应该在××点，或是××天之前完成。"

刚开始的时候，小伟还有些抗拒，总是会超过这个时限。但是只要小伟按时完成了任务，妈妈就会给他一些奖励和赞赏。慢慢地，小伟基本可以按照妈妈规定的最后时限完成事情了。后来，在妈妈的帮助下，小伟也不再拖延了。

如果每做一件事情都没有一个最后期限，那么孩子就会无限期地往后拖延，时间就会被大量的浪费，孩子的做事效率也无法得到提高。确实，给孩子一个最后时限，这样的方法不仅可以促使孩子加快行动，提高做事情的效率，还可以让孩子节省很多时间。

很多父母也懂得设定最后期限的好处，所以他们时常会下这样的规定：几点之前打扫好房间，几点之前必须完成作业，几点之前必须回家，等等。

不过，设置最后期限并不是简单的事情，父母们需要注意几点要求：

## 1. 最后时间是事情的结束时间，而不是开始时间

这里所说的最后时间并不是开始做事情的时间，而应该是结束时间。父母应该对孩子说："你必须在 ×× 点之前，完成这个事情。"而不是说"你必须在 ×× 点之前，开始做这个事情。"

因为从孩子的角度来说，在 ×× 点之前开始做某个事情是一个模糊的概念。没有一个明确的结束时间，会让孩子失去做事情的动力，形成磨磨蹭蹭的习惯。而父母规定了截止时间，就是让孩子清楚地知道自己做这件事的时间，那么这一段时间内他就会积极地行动，确保在规定时间内完成任务。

其实，很早以前一位教育家就曾经做过这样一个简单的实验：

如果没有给孩子限制时间，孩子们用 8 分钟才能背诵一篇课文；而给孩子规定了 5 分钟内背诵一篇课文，孩子们也会按

时完成任务。

所以给孩子一个最后时间，是非常有利于他们节省时间，提高做事效率的。

## 2. 不要把截止时间定的过长

虽然父母规定了最后期限，不过，有些孩子还是会不自觉地违背规定，并且把最后时限当成是拖延的借口。

当父母要求他们9点之前必须完成作业的时候，他们在此之前就会一直玩游戏，直到8点半的时候才开始匆忙地行动。即便他们早早地坐在课桌前，可是离最后期限还有很长时间，他们也不会把心思放在作业上，而是慢慢地磨洋工。实际上，这样的时间设定，更纵容了孩子的拖延。

所以，父母在给孩子设定最后期限的时候，不要把截止时间定的太长。比如，孩子5点放学，你却要求他9点之前必须完成作业，那么，孩子自然就不会着急行动了；再比如，孩子有两个月的暑假，父母却要求孩子在开学前必须写好20篇日记，那么，那些贪玩的孩子怎么可能会提前行动呢？

事实上，这样的时间设定是没有任何意义和效果的。所以，为了避免这种情况的发生，父母应该让孩子把时间进行合理地分配，给孩子设置多个时间节点。

就拿后者来说吧，父母可以要求孩子3天完成一篇日记，整个暑假必须完成20篇日记，并且隔一段时间对孩子的完成情况进行检查，那么孩子就不会拖延到最后才行动了。

### 3. 具体问题具体分析，结合任务的难易程度来进行时间安排

父母不要认为给孩子设定最后时限就好了，更不要想当然地按照自己的想法来安排。父母应该结合孩子的做事能力，结合任务的难易程度来进行时间安排。

原本孩子需要半个小时才能完成任务，父母却只给他 20 分钟的时间，那么孩子就会因为压力太大而无法集中精力，从而产生拖延的情况。

这样的事情次数多了，孩子就会越来越磨蹭。他会产生这样的想法："反正我也完成不了，为什么还要努力地去做呢？"所以，父母应该和孩子多沟通，尽可能地了解孩子的需求，和孩子商量做事情的最后期限。

总之，父母一定要考虑孩子的实际情况，并且不能把时限设置的太长或是太短，否则将难以达到真正的效果。

## 7.

## 利用零星时间，学会化整为零

时间往往不是一个小时一个小时被人们浪费掉的，而是一秒钟一分钟地从人们的身边悄悄溜走的。那些浪费时间的人，总是看不起一秒钟一分钟的零星时间，任凭时间从自己身边悄悄溜走，所以最后什么事情都做不成。

很多孩子认为这些零星时间并没有什么用处，做不了什么大事，以至于让它们就这样浪费掉了。很多父母也认为孩子还小，没有必要太苛求孩子，让他们分秒必争。可父母们应该知道，时间也是由一分一秒积累而成的。虽然几分几秒的时间，看起来不起眼，也做不成什么大事情，但是经过长时间的积累，就能汇集很多的时间，可以让孩子做很多的事情。

正如数学家华罗庚所说的："时间是由分秒积成的，善于利用零星时间的人，才会做出更大的成绩来。"

不知道父母们是否听过"三余读书"这个故事？讲的是汉献帝时期一个叫作董遇的人利用一切时间刻苦读书的故事。

董遇虽然并不是名垂千古的人物，其事迹也不足以被世人知晓，但是"三余读书"的典故却值得我们警醒。董遇很小就喜欢读书，可是因为家里很穷，又恰逢战乱，所以根本没有时间和精力去读书。当时他和哥哥到朋友家躲避战乱，只能靠上山砍柴卖钱来维持生活。每次砍柴的时候，董遇都带着书本，一有空闲的时间就拿出书来诵读。哥哥嘲笑他说："现在正是战乱时期，你读书又有什么用处？难道还想着出人头地吗？现在我们连温饱问题都解决不了，你还有心思读书？"尽管如此，董遇还是坚持抓紧一切可以利用的时间来读书。

正是因为他勤学刻苦，所以之后才取得了不错的成绩。他在文学上有一定的见解，并且为《老子》做了注释，还把《春秋左氏传》的心得体会写成了《朱墨别异》，对于当时和后世都有很大影响。

当时有人想请他讲学，他却说："读书百遍，其义自见。"那个人说："您说得非常有道理，只是我没有时间读书。"董遇说："你应该利用'三余'时间来读书。"那个人感到非常不解，问道："'三余'时间究竟是什么意思？"

董遇说："'三余'就是一个人三种空闲的时间。冬天，是一年中的空闲时间；晚上，是一天里的空闲时间；雨天，是临时的空闲时间。只要你善于利用空闲时间读书，自然就能有所得了。"

虽然说董遇说的"三余时间"指的是冬天、晚上、雨天，但是我们今天也可以把它理解为一切空闲的时间，一切可以利用的零散时间。

不仅仅是董遇，我国宋代文学家欧阳修也时常利用零星时间读书。他在著作《归田录》中就曾提到，自己利用"三上"时间来构思文章。这里的"三上"就是马上、枕上、厕上。而不管是董遇的"三余"时间，还是欧阳修的"三上"时间，都是教导我们要善于利用零散时间来做有价值的事情。

每个人的一天都有很多零星时间是可以利用的，只要孩子们愿意去发现，就一定能挤出大量的时间。比如，早饭后到上学前的 5 分钟或是 10 分钟，上学之后到上课铃响起前的 10 分钟，坐公交车的半个小时，甚至是上学路上的几分钟……

所以，作为父母，应该让孩子知道：时间就好比海绵里的水，关键就在于你会不会挤。只有懂得珍惜零星时间的人，并且坚持不懈地充分利用零星时间，才能成为真正珍惜时间的人。

## 1. 零星时间积累起来，力量不可忽视

零星时间虽然是不起眼的，可是加起来却是很大的数目。如果我们不看重这些时间，任凭它们从我们的身边溜走，那么每天就会浪费大把的时间，经过日积月累之后，更会给自己造成巨大的损失。

父母不妨和孩子算一笔账：如果你每天早上吃饭比人慢一分钟，那么一年下来，就是 360 分钟，相当于 6 个小时；如果你每天在放学的路上浪费 5 分钟，那么一年下来，就是 30 个小时；如果你看不起 10 分钟，认为它做不了什么事情，每天用 10 分钟发呆、胡思乱想，那么一年下来你就会浪费掉 60 个小时……

所以，作为父母应该让孩子充分地利用零星时间，从每一分钟、每一秒做起。

## 2. 利用零星时间，一定要有合理的计划

想要很好地利用零星时间，孩子不能"东抓一把，西抓一把"，想起什么就做什么，那样的效果肯定好不了。想要更好地利用零星时间，父母一定要让孩子有合理的计划，让他们的生活变得更加有规律起来。

比如，父母可以帮助孩子计算一下，看看哪些零星时间是可以利用的，然后教会孩子如何利用这些时间。做到了心中有

数，计划得当，孩子们才能更好地利用这些时间，不让它们白白地浪费。

### 3. 坚持就是胜利，孩子不能三天打鱼两天晒网

时间是挤出来的，也是积累起来的。所以在利用零星时间的时候，父母应该让孩子学会坚持，不能三天打鱼两天晒网。

如果孩子今天觉得时间是宝贵的，开始抓紧零星时间学习、读书。可到了明天，孩子就忘记了自己的计划，开始肆无忌惮地浪费时间，做一些毫无意义的事情，那么节省时间就会成为空谈。

## 8.
# 时间的安排要有张有弛

我们知道，当一个人刚开始做一件事情的时候，由于精力充沛，做事的效率会非常高，但是时间长了，身体疲惫了，速度自然就会降下来。

比如我们打羽毛球，刚刚开始的时候，由于体力非常充沛，所以非常有精神头。但是一段时间后，我们的身体就会疲惫，时常感到吃不消，想要休息。这个时候，如果我们没有给自己休息的时间，而是继续坚持下去，那么没多长时间就会累倒下去。

大脑也是如此，刚开始的时候，我们的记忆力强、思考灵活，能够迅速地掌握相关知识。可是时间长了，我们的大脑会感

到疲惫不堪，于是就出现了记忆力减退、注意力不集中，甚至心情烦躁的情况。这时候，即便我们继续坚持学习或是做事情，也没有什么效率可言，只能是白白浪费时间。

所以，父母不能把孩子的时间安排得太满，没有一点休息的时间，否则不仅无法提高时间的利用率，还会影响到孩子身心的健康。

父母要根据孩子的年龄特点来安排时间，做到张弛有度。否则，孩子就会像绷紧了的弹簧一样，迟早有崩溃的一天。

9岁的小健是个有音乐天赋的孩子，他3岁的时候，妈妈就给他报了钢琴班，希望他能够成为出色的钢琴家。小健也非常喜欢钢琴，每天都刻苦地练习。

这一段时间，小健在准备钢琴的六级考试。为了让孩子能够顺利通过考试，妈妈给他制订了练习计划：每天放学后，练习一个小时钢琴，吃完饭之后，再继续练琴一个小时。由于小健每天还要写作业，所以通常10点左右才能上床睡觉。

周末的时候，孩子的时间也被安排得满满的。小健不仅要在家里练琴，还要上培训班练习，根本没有什么休息的时间，感觉身心非常疲惫。

结果，小健每天练琴的时候都不在状态，不是弹错了音，就是看错了谱。就连上课的时候也是如此，尽管他强打着精神听课，可还是哈欠连天的，时常听着听着就睡着了。老师发现小健的状况后，立即给他妈妈打了一个电话，告诉她这种的时间安排是不对的，会让孩子疲惫不堪，无法集中精神。

经过和老师沟通之后，小健的妈妈认识到了自己的错误，于是接受了老师的建议，减少了孩子练琴的时间，每天只给小健安排一个小时的练琴时间，如果他写完作业之后，还有一些时间，妈妈还会允许他看一会电视，放松放松自己的大脑和精神。

周末的时候，小健想要多练习一会钢琴，可妈妈却对他说："孩子，做事情要注意劳逸结合，你去公园玩一会吧！你过一段时间再练习，或许有不错的效果。"

果然，当妈妈改变了时间的安排，让小健有足够的休息时间后，孩子的精神状态好了很多，也顺利地通过了考试。

很多父母觉得延长孩子的学习时间，可以让孩子掌握更多的知识，做更多的事情。可是这样的疲劳战术是没有任何意义的，除了让孩子身心疲惫之外，还会对于所做的事情产生厌烦感。

所以，父母要合理地安排孩子的作息时间，做到张弛有度，劳逸结合。这样一来，孩子才能保持一个健康、积极向上的精神状态。身体健康了，心情愉悦了，做起事情来才会更有动力，效率也会高出很多。

## 1. 让孩子有足够的休息时间

人不可能长时间处于紧张的状态，一天两天或许没有问题，但是时间长了，就会产生消极的效果。这会让人们该紧张的时候不能紧张，该放松的时候不能放松，从而导致内心的焦虑，形成极大的心理压力。

对于孩子来说，最能培养孩子时间观念和促使孩子形成高效做事的好习惯的方法，就是有张有弛的时间安排。因为孩子的大脑还处在发育期，每天须保持 8 小时的睡眠时间，才能让大脑得到充分的休息。如果让孩子长时间处于睡眠不足的状态，或是疲惫的状态，那么孩子的大脑就无法高效地运作，孩子也就无法高效地做事了。

## 2. 给孩子安排适当的娱乐和体育锻炼

除了休息，适当的娱乐和体育锻炼也是必不可少的。当孩子进行娱乐活动，或是体育锻炼的时候，所有的脑细胞都被调动起来。

所以，父母在帮助孩子制订时间计划的时候，应该每天给孩子至少安排 1 到 2 个小时的娱乐时间，这个时间孩子可以听听音乐、跳跳舞，或是慢跑、打羽毛球。这样孩子的大脑和身体得到了休息，心情也会变得愉悦起来，从而提高做事的效率。

# 第五章

## 没有规矩，不成方圆
### ——时间管理的纪律约束

**05**

有的父母说，家不是讲纪律的地方；还说，孩子还小，不能对他要求太严格。但是，没有规矩不成方圆。在家庭教育中，不管什么时候，孩子都不能少了规矩的约束。如果孩子违反了规矩，父母就应该让他受到相应的惩罚。

尤其是对于自控能力比较弱的儿童来说，规矩和纪律是非常必要的，可以让孩子照章做事，也可以促使孩子改掉很多不良习惯。

## 1.

# 想看电视，必须先写完作业

我们时常看到这样的情形：

很多孩子每天把大量时间花在看电视上，放学回家之后，他们会第一时间打开电视，找到自己喜欢的节目；周末在家，他们也会长时间守在电视前，既不写作业也不外出活动，俨然成为小小的电视迷。甚至有些孩子，除了看电视什么也不想，吃饭的时候都必须开着电视。前几年，"跑男"非常火爆的时候，一到周末晚上，一些小学生就守在电视旁，甚至有些孩子还兴致勃勃地模仿上面的游戏——"撕名牌"。

虽然电视节目可以拓宽孩子的知识面，陶冶孩子们的情操，但是孩子们如果养成长时间看电视的习惯，就浪费掉了大量的时间。

孩子们如果被某一电视节目吸引，就会拖延做功课的时间。即便在妈妈的催促下坐在书桌旁，可心中想的还是电视节目的内容，导致注意力分散。不仅如此，长时间看电视，孩子的视力会严重影响，身体健康和睡眠质量也会受到影响。

小泽是一个聪明的孩子，但是却有懒散、拖延的坏毛病。他平时什么事情都懒得去做，即便被父母逼迫着去做了，也不能完全集中注意力；做一件事情之前，他会找各种理由推托，直到最后关头才肯行动。

其实，这与父母纵容他长时间看电视有很大的关系。小泽上幼儿园之前，妈妈为了让他能够安静地玩一会儿，通常会打开电视机，让他看动画片。所以，他从小就非常喜欢看电视。

上了幼儿园、小学之后也是如此，小泽每天放学后就守在电视机旁，妈妈叫他吃饭，他都没有任何反应。周末的时候就更不用说了，他时常一整天一整天地看电视，根本不愿意做任何事情，就更别提写作业了。

现在，小泽上三年级了，妈妈为了让他改掉懒散和拖延的坏毛病，决定给他立规矩，禁止长时间看电视。这一天，小泽放学回到家，第一时间就打开了电视机，开始看他喜欢的动画片。妈妈一看时间还早，就没多说什么。可是，小泽一看就看到了 6 点多，直到妈妈叫他吃饭，他才磨磨蹭蹭地从沙发上站起身来。

吃饭的时候，妈妈警告他说："你已经看了很长时间电视了，吃完饭必须马上写作业。"可是他还是一脸不情愿地说："老师留的作业不多，再说时间还早呢，您就让我再看一会儿嘛！"在小泽的软磨硬泡下，妈妈最终同意让他再看一集动画片。可是时间到了，他依然坐在电视机旁一动不动，直到妈妈真的生气了，他才回到了屋里开始写作业。

然而，这个时候，小泽满脑子都是动画片里的人物，他哪还有心思集中注意力写作业啊？而且，由于长时间看电视，孩子的眼睛已经非常疲劳，根本无法好好地完成作业。于是，本来20分钟就能完成的作业，小泽一直写到了九点半才勉强完成。

试想，在这样的情况下，小泽写出来的作业，质量能好吗？

果然，妈妈一检查，就发现他把字写得歪歪扭扭，就连简单的数学题都算错了。妈妈真想撕掉他的作业本让他重写，可想到如果撕掉重新写的话，孩子就得熬夜重写，所以只能作罢。

其实，小泽之所以沉迷于电视，做事拖延、注意力不集中，与妈妈的纵容有很大的关系。

小泽小时候，妈妈为了做好自己的事情，长时间地让孩子看电视，导致孩子无法离开电视；孩子长大后，妈妈想要给孩子立规矩，可是又一再地妥协，纵容孩子拖延写作业的时间，所以才导致孩子难以改掉坏毛病。

那么，作为父母，应该怎么做呢？

## 1. 给孩子立规矩，并且严格按照规矩做事

其实，要想孩子戒掉长时间看电视的坏毛病，克服做事拖拉、懒散的毛病，最关键的就是给他立规矩，并且严格按照规矩做事。

就拿上面的例子来说吧，妈妈可以立下这样的规矩：一、放学回到家，第一件事就是写作业；第二，无论如何，作业都

必须要在八点之前完成；第三，必须先完成作业，然后才能看电视；第四，每天只能看半个小时电视，或是每天只能看一集或两集动画片。

只要小泽妈妈坚持执行这几条规矩，那么孩子沉迷于看电视的坏习惯就会慢慢地有所改善，写作业拖延的问题也就轻而易举地解决了。

规矩在刚开始执行的时候，孩子可能会有些不习惯，还会千方百计地跟家长"讨价还价"，这时，父母不能心软，不要轻易答应孩子的请求。父母一旦心软，孩子就会得寸进尺，提出过分的要求。

所以，父母在给孩子立规矩的时候，坚决不能心软，一定要让孩子按规矩办事，绝不给他逃避的机会。这样一来，孩子就只能集中注意力，专心做事了。

## 2.规定看电视的时间，选择适合孩子的电视节目

在看电视这个问题上，不是说绝不允许孩子看电视，而是应该给孩子制订一个准则，规定看电视的时间，并为孩子选择适合他们这个年龄看的电视节目。

一般来说，12岁以下的孩子，每天看电视的时间总和不得超过2个小时，而且不能连续看太长时间。父母不能放任孩子，不能什么节目都让孩子看，比如说那些适合成年人的武打片、爱情片、悬疑片就不适合孩子看。父母应该让孩子看一些有教育意义的、益智的节目。

## 3. 想看电视，必须完成作业

父母还要明确一点，看电视是孩子的休闲活动，不能影响了学习和日常生活。所以，父母要帮助孩子明确看电视与写作业的先后顺序，告诉孩子"你想要看电视，就必须先完成作业。"

另外，在给孩子定规矩的过程中，父母也要考虑孩子的实际情况，具体问题具体分析。比如，父母认为孩子应该回家后立马就写作业，但有的孩子习惯先看一会儿自己喜欢的动画片，然后才能更专心地写作业。这时候，父母就要尊重孩子的自身特点和习惯，让他有选择的权利。

# 2.
## 该学习的时候好好学，该玩的时候痛快玩

很多时候，我们会听到父母们这样抱怨：现在的孩子实在太难管了。他们的自控能力非常差，做事情时常无法集中注意力；如果你让他们好好学习，他们会老实地坐在书桌前，可是心思却没有在学习上，总是想着玩的事情。可是如果你让他们玩，他们却惦记起学习来了，不能做到尽情地玩耍。真不知道这样的孩子，究竟是爱学习还是爱玩？

其实不管是学习还是玩耍，都要让孩子做到专一，力求讲究效率。当孩子学习的时候，应该让孩子在有限的时间内学习到更多知识。而当孩子玩耍的时候，则应该让孩子在有限的时间内尽

量放松身心，尽情地享受快乐。如此，孩子们才能学得认真，玩得痛快。

小可做事情总是三心二意的，按照妈妈的说法就是，这个孩子做作业的时候脑袋里总想着玩，非常容易走神；可如果妈妈给她时间玩的时候，她也不可能安心地玩，反而想着学习的事情。

有一次，妈妈带着小可到游乐场玩。开始的时候，孩子表现得非常兴奋，痛快地穿梭在各个游戏项目之中，玩得不亦乐乎。可是过了一会儿，妈妈就发现小可没有了之前的兴奋劲，显得有些心事重重。妈妈问小可发生了什么事情，小可支支吾吾地说："今天可以出来玩，我确实很高兴。可是一想到还有那么多作业没有完成，我就开始担心不已了。"

妈妈笑着说："今天我带你出来玩，就是为了让你彻底地放松心情。关于作业，如果你明天认真地写，很快就可以完成了。不要再瞎想了！"虽然小可明白这个道理，可还是有些担心，便对妈妈说："妈妈，我觉得今天玩得差不多了，我们回家吧！"妈妈见孩子没有心思玩下去，便带着她回家了。

按理说，回家之后，小可应该安心地写作业了吧！可事实正好相反，她坐在书桌前，脑袋里想的却是没有来得及玩的游戏项目。过了半个小时之后，妈妈发现小可的作业本还是一片空白。妈妈生气地说："你这个孩子真是太气人了！带你出去玩，你心里想着作业，不能尽情地玩。让你写作业吧，你心里却想着玩！如果你这样三心二意的，怎么能做好一件事情？"

很多父母都能够体会小可妈妈的心情，因为他们的孩子也会出现类似的情况：学习的时候，孩子好像是熬时间一样，时不时想着玩的事情；玩的时候，孩子又不能痛快地玩，心里还惦记着学习的事情。

这样的孩子不像那些特别贪玩的孩子，一玩起来就没完没了，根本就不考虑学习的事情。他们非常有上进心，并且知道学习的重要性，但是他们的学习成绩却不一定比那些特别贪玩的孩子好多少。因为他们的注意力不够集中，无法安心地学习，也无法在玩耍中获得快乐。

甚至，他们还不如那些特别贪玩的孩子，最起码那些孩子能够专心地玩，享受玩的快乐。

其实，这些孩子注意力不集中的原因，就在于他们混淆了学习和玩耍的界限。面对这样的情形，父母们千万不要着急，也不要严厉地批评孩子。父母只要教会孩子分清两者的界限就可以了。

那么，父母如何引导孩子们分清学习和玩耍的界限呢？

## 1. 父母可以帮助孩子做一个"时间三明治"

究竟什么是"时间三明治"呢？

简单来说，它就是玩→学习→玩的时间安排。这个方法是针对孩子们放学后的时间来安排的，对于提高孩子的学习效率非常有效。

对于学习了一天的孩子来说，他们的头脑和身体都处于疲惫的状态，这个时候他们需要一个缓冲的时间，让自己的头脑和身

体得到休息。

所以，在孩子放学后，父母们不能着急让孩子写作业，而是应该给他们安排 10 分钟到 30 分钟的休息时间。在这个时间段，孩子可以做自己想做的事情，玩耍也好，看电视也好，让孩子彻底地放松自己。

### 2. 让孩子有专注学习的时间

放松之后接下来就是学习的时间了。不过父母一定要告诫孩子：学习的时候，你必须专注、认真，不能三心二意。这个时间的长短没有一定的限制，孩子能够专注多少时间，父母就让他们学习多少时间。同时，父母不能轻易地打扰孩子，要让他们认真地把作业做完。

另外，如果孩子需要做的作业比较多，父母也可以为他们安排中场休息的时间。这段时间，可以让孩子喝个水、吃个水果。但千万不要让孩子一边吃东西一边做作业，否则父母的努力就白费了。

### 3. 规定孩子结束玩耍的时间

最后，孩子学习结束之后，父母就可以让他们放心地玩了。

但父母要给孩子规定一个玩耍结束的固定时间，这样一来，当孩子因为学习不够专心而花费更长时间的时候，他们玩的时间就相对减少了很多。

比如，父母可以规定孩子做完作业之后有半个小时玩的时间，9 点半必须洗漱睡觉，不能再玩耍了。如果孩子因为不专心而拖长了作业的时间，在 9 点 10 分才完成作业，那么他当天玩的时间就只剩下 20 分钟了。如果孩子直到 9 点半才完成作业，那么当天的玩耍时间就没有了。

### 4. 该学习的时间好好学习，该放松的时候好好放松

父母不要给孩子过多的压力，如果完全不给他们放松、娱乐的时间，会很容易让孩子混淆学习和玩耍之间的关系。

父母要和孩子一起制订合理的作息时间表，让孩子学习的时间好好学习，放松的时间好好放松，这样一来，既可以保证孩子的学习时间，又能让孩子有足够的时间来休息。

## 3.
## 无规矩不成方圆，让孩子按规矩行事

很多父母经常抱怨孩子不听话，做事拖拖拉拉，而且做作业无法集中精神。可是这些父母却从来没有想过，孩子为什么会养成这样的坏习惯。

现在的孩子大多都是独生子女，他们从小就受到父母的溺爱，想做什么就做什么，想怎么做就怎么做，而且做什么事情都随着自己的性子来。尤其对于学龄前的儿童来说，父母并没有教给他们相应的规矩，也没有给他们制订相应的纪律。如此一来，等到他们大一些的时候，父母再去要求他们照章行事，他们又怎么会听父母的话呢？

所以，为了培养孩子的时间观念，父母就必须尽早约束孩子的行为，给孩子制订相应的纪律和规矩。比如，上学不能迟到，放学要按时回家；上课要注意听讲，不能在课堂上随便讲话；吃饭要认真，不能一边吃一边玩等等。

父母们不要认为这些都是小事，实际上，这对于孩子良好习惯的养成起到了非常关键的作用。

乔治是个十分令人头疼的小男孩，他非常顽皮，在幼儿园里不遵守课堂纪律；上课的时候，他无法集中注意力，总是故意捣乱；他每天上学都迟到，丝毫没有时间观念。

一次，乔治他们班上公开课，学校领导组织了很多优秀教师去听课。可是，刚刚开始上课，就出乎意料地出现了这一幕：乔治手里抓着一只青蛙，一蹦一跳地走进教室。他刚坐下，青蛙就发出了一阵阵叫声。孩子们立刻拥了上去，把乔治团团围住，结果教室里乱成了一片。

这时，老师被气坏了，他红着脸，大声地要求孩子们遵守课堂秩序。孩子们这才一个个地回到自己的座位上，教室才慢慢安静下来，只剩下乔治手里的那只青蛙还在呱呱叫。老师继续瞪着乔治，希望乔治也能遵守课堂纪律。可是，乔治仿佛没有看到老师的警告，仍然玩弄着手里的青蛙。

教室里的气氛非常尴尬，这时，一位老师站起来，走到乔治面前，对他说："孩子，老师知道你是遵守纪律的孩子，但是青蛙却不知道遵守纪律。虽然你能认真听课，但青蛙不知道应该认真听课，它会不停地叫。这样一来，大家就没有办法听课了。我们把青蛙放出去，好吗？"听了老师的话，乔治才肯把青蛙放了出去。

其实，乔治并不是天生就这么顽皮。他之所以越来越顽皮，是因为父母从来没有给他立下规矩，告诉他什么事情应该做，什么事情不应该做；什么时间应该做什么事情，什么时间不适合做什么事情。

妈妈对乔治非常溺爱，简直就是捧在手里怕摔了，含在嘴里怕化了，所以孩子才养成了为所欲为的性格。他不懂得遵守规矩，所以不管在家里还是在学校，他都是最顽皮的孩子。

这个故事告诉父母一个道理：给孩子立规矩是有必要的，应该让孩子从小就认识并遵守规矩。

或许有的父母会说，家本来就不是一个讲规矩的地方，怎么能让孩子去遵守规矩呢？

我们常说："无规矩不成方圆。"只要你想制订规矩，任何地方都有规矩可言。比如，每天晚上 7 点是吃晚饭的时间，孩子必须在这个时间坐到饭桌前吃饭，这就是一条规矩。一开始，孩子没有遵守规矩的意识，可能会因为玩玩具、看电视而无法做到，总是需要妈妈的几番催促才肯吃饭。这时，父母就要对他进行教育，告诉他必须遵守规矩，时间长了，孩子自然就会自觉地遵守规矩，按时吃饭，并且不再拖延。

父母帮助孩子制订规矩和纪律，这既能让他们严格按照规矩做事，严格地管理自己的时间，又可以锻炼孩子的能力。父母们何乐而不为呢？

## 1. 对于没有时间观念的人，制订规矩尤为重要

对于那些自制力差并缺乏时间观念的孩子来说，制订规矩是尤为重要的。

有的家长不懂得为孩子制订规矩，导致孩子做事总是慢腾腾的。而父母为了让孩子加快速度，就开始催促孩子，甚至是替孩子做事情。

这样的做法真的能解决问题吗？

这样的做法除了促使孩子形成依赖心理外，什么问题都解决不了。一旦父母不能替孩子做事了，孩子的阵脚就会被打乱。

所以，父母要及时为孩子制订规矩，让孩子每天都严格按照规矩做事。一旦孩子违反了规矩，父母就应该让孩子自己承担后果，并且给予相应的惩罚。

## 2. 制订纪律，应该从孩子实际情况出发

给孩子制订相应的规矩和纪律，应该从孩子的实际情况出发，并结合孩子的接受能力。规矩和纪律的制订越贴近孩子的日常生活，越符合孩子的接受能力，执行起来就越容易有效果。

比如孩子只有 5 岁，做事还比较缓慢，动手能力还有些不足，你却要求他 5 分钟内完成穿衣、洗脸、刷牙等事情，孩子怎么能做得到？这简直就是强人所难。

## 3. 灵活处理，不要对孩子太苛刻

当然，纪律是人定的，因此也会出现一些不合理的地方。

这时，父母就需要灵活处理问题，不要对孩子太苛刻。毕竟法外还讲人情，如果父母对孩子太过苛刻，从不尊重孩子的意见和感觉，容易让孩子产生逆反心理，反而不利于纪律的执行。

## 4.
# 和孩子约定规则，并且严格遵守

对于年龄尚小的孩子们来说，由于他们缺乏责任感和自控力，所以喜欢按照自己的喜好来做事情。而对于那些不喜欢做或是不愿意做的事情，就会尽可能地选择逃避。实在逃避不了的事情，他们就会想办法拖延，马马虎虎地应付了事。

比如，父母要求孩子每天晚上必须刷牙洗脸，可孩子最讨厌的事情就是刷牙洗脸。于是，当孩子做这些事情的时候，不是磨磨蹭蹭，就是想要糊弄过关。实在糊弄不过去了，孩子就会慢腾腾地行动，不情愿地走到洗手间，胡乱刷几下。

再比如，父母要求孩子每天认 10 个汉字，可孩子并不愿意做这件事情。于是，他就无法专注地做事，一会拿起识字卡，一会拿起自己喜欢的玩具。

让孩子做不想做但又必须去做的事情，这对于孩子来说是一个重要的挑战。挑战成功了，孩子不仅可以提高自己做事的专注力，还可以增强责任感和自制力。可如果失败了，孩子就会更加

讨厌自己所做的事情，产生破罐子破摔的心态。所以，父母需要给予孩子正确的引导和教育。

很多父母认为奖惩激励手段是不错的选择，即用孩子喜欢的一件事情来引导他去做他不喜欢的事情。父母可以利用生活中的一些行为，和孩子约定某件事情或是某种规则，促使孩子积极认真地做事。

不过，父母要注意，和孩子约定的时候，千万不要给孩子讨价还价的机会，更不要让孩子牵着鼻子走。

萍萍平时做事总是三心二意的，为了让孩子改掉这个毛病，妈妈想出了一个办法。妈妈找来萍萍，对她说："孩子，为了让你改掉三心二意的坏毛病，我们做一个约定好不好？"

萍萍问："什么约定呢？"

妈妈说："我们做一个积分表格，在上面列上你每天所做的事情。如果这件事符合标准，我就会给你加上 1 分，否则，我就会给你减去 1 分。如果你每天获得分数不超过 10 分，就要接受惩罚，比如刷一次碗，或是扫一次地。如果你获得的分数超过了 10 分，就可以获得相应的奖励，比如看 20 分钟《爱冒险的朵拉》，或是玩 10 分钟游戏。每天的积分是可以相加的，如果一周的总积分超过了 80 分，我就可以满足你一个愿望。"

萍萍想了想，说："这个办法还不错。那标准是什么呢？"

妈妈说："做事情不能三心二意、马马虎虎，也不能拖拖拉拉、浪费时间。比如，你喝完水，忘了盖杯子盖，就要被扣掉 1 分；脱下衣服后到处乱扔，也要被扣 1 分。可是如果你早睡早起，不用妈妈催着起床，就可以加上 1 分；进门后，你主动把鞋子放进鞋柜中也可以加 1 分。只要你的表现是积极的，就可以获得加分，可如果是不好的习惯，那么就需要减分了。"

萍萍听完之后，高兴地说："这很容易做到，我们就约定好了。"第一天，妈妈就指出了萍萍的几处减分的地方：回家的时候，忘了换拖鞋；吃晚饭，让妈妈催了两次；上完卫生间后，忘记关灯。还没等妈妈说完，萍萍就叫了起来："哎呀，妈妈。今天是第一天，你就宽容我一下吧！我明天一定会做到的。"

妈妈说："不可以。既然我们已经约定好了，那么就必须按照约定办事。你今天被扣除了 3 分。"

萍萍听完低下了头。这时候，妈妈说："没关系，今天还没有结束，你一定可以把分数挣回来的，不要过早地放弃了。"接下来，萍萍小心翼翼地做着每一件事，完全按照规则和约定办事，总体表现越来越好。

萍萍妈妈做得非常好，为了培养孩子的好习惯，和孩子约定好了规则和奖罚制度，并且严格遵守。相信，在妈妈的严格要求下，萍萍一定会更加懂得遵守约定的重要性，并且成为做事专一认真的好孩子。

事实上，每位父母都希望培养出有时间观念的孩子，所以想尽办法引导、教育自己的孩子，以便让孩子做得越来越好。但是真正有效的方法，是要让孩子明辨是非，让他知道怎么做是正确的怎么做是错误的。之后，父母还要积极鼓励孩子正确的行为，严格禁止错误的行为。

当然了，既然是约定，父母就必须要求孩子严格遵守，不能让孩子随意打破规矩，更不能因为孩子的软磨硬泡而放其一马。同时，父母也要遵守与孩子的约定，不要挖了一个"陷阱"给孩子跳，对孩子食言。如果父母说话不算话，那么，孩子也不会主动去遵守。这样一来，所谓的约定就没有什么意义了。

## 5.
## 守纪就要奖赏，违纪就要惩罚

任何纪律的执行，都离不开严格的督促和管理，而对于缺乏自制力的孩子来说，更需要奖赏和惩罚的手段来约束他们的行为，让他们知道遵守纪律的好处和违反纪律的坏处。在孩子的成长过程中，如果缺少了适当的奖惩，孩子就无法更明确地知晓自己应该做什么不应该做什么，更无法明确地分辨黑白对错。这对于孩子的成长是非常有害的。

生活中，很多父母明白纪律的重要性，为了让孩子更好地管理自己的时间，也非常乐于为孩子制订相关纪律，对孩子的行为进行约束。可是，纪律制订了，却在执行中出现了问题。孩子做得好，父母没有给予什么奖赏；孩子做得不好，父母也没有给予什么惩罚。这样一来，孩子就产生这样的想法：这纪律遵守与否都没有什么意义，为什么我还要遵守它呢？

还有些家长，为了让孩子更好地遵守纪律，一旦孩子出现拖延的行为，就对其进行严厉的惩罚。可是，当孩子遵守了纪律，非常好地遵守时间的时候，家长却没有任何行动了，连一句表扬和一点奖励都没有。

但是，父母不知道的是，这样只有惩罚却没有奖励的做法，只会让孩子产生愤愤不平的心理，从而更不愿意遵守父母制订的纪律。

东东是个聪明的孩子，性格也十分活泼开朗，可他也有一个致命的缺点，那就是学习太不认真，做作业喜欢拖延，上课的时候还容易走神，因此成绩一直无法得到提高。

老师时常批评东东上课注意力不集中，作业完成不及时，做事情拖拖拉拉，并希望父母能在这方面多多给予孩子指导。为了让孩子更高效地做事，爸爸妈妈为孩子量身定做了一套惩罚制度：每天放学后必须先写作业，半个小时内必须完成作业，做事情必须集中注意力。如果东东出现拖延写作业、做事不认真以及注意力不集中的情况，就要对其进行狠狠地惩罚。

东东本来就聪明，一旦行为上受到了约束，情况很快就会有所好转。妈妈让他帮忙做些家务，他能够快速地完成；再也没有出现丢三落四的现象；作业完成得非常认真，成绩也提升上去了。爸爸妈妈看到孩子的进步，心里非常高兴。可是东东好像并不那么高兴，做事情也缺乏了积极性。

一天，东东放学回家，拿出一张数学试卷给爸爸看，原来他的数学考了100分。看到分数后，爸爸十分高兴地对他说："你做得非常不错！明天要语文考试了，你也要争取考100分啊！"说完就转身走掉了。

这时候，东东立刻沉下脸来，吃饭的时候都闷闷不乐。他不明白：为什么自己违反了纪律，父母会狠狠惩罚自己；可自己遵守了纪律，取得了好成绩，父母却没有任何表示？为什么自己的父母只晓得惩罚自己，却从来不会给予自己奖励呢？

这时，爸爸不仅没有发现孩子的情绪低落，反而催促地说："写作业的时间到了，快去完成作业吧！否则，今天就要受到惩罚了！"

东东听了，愤愤不平地说："你们太不公平了！为什么我做不好就要接受惩罚，可是做得好了却没有任何奖励呢？我今天得了100分，你们一点赞扬的话都没有，我再也不听你们话了！"

很多父母像东东爸爸一样，给孩子制订了纪律，却只有惩罚没有奖励，导致孩子心理不平衡，产生了抗拒心理。

事实上，这样的做法是错误的，不仅无法让孩子遵守纪律，还会起到相反的效果。如果父母想要孩子做得更好，就必须做到赏罚分明。只有做到了赏罚分明，孩子才能有积极做事的动力和热情，改掉拖延的坏毛病，并且提高做事的效率。

现在，在教育孩子的过程中，人们提倡多鼓励与表扬，少斥责、打骂和惩罚。当然，只有奖赏的制度也是不合理的，一味地奖励只能让孩子越来越无理取闹。只有奖励的家庭，孩子会变得越来越骄纵、自负。

因此，单纯的奖或罚都不能起到很好的教育效果。想要让孩子遵守时间管理的纪律，更认真地做事情，就需要找到最佳的切合点，即把握什么时候需要奖，什么时候应该罚。当孩子做错事

情的时候，一定要给予适当的惩罚；而当孩子做了值得赞扬的事时，父母也不要吝啬，要大方地夸奖和表扬孩子。

同时，父母应该注意奖励和惩罚的方式，对于违反纪律孩子的惩罚，一定要满怀宽容和爱心，还要更具开放性，能让孩子从错误中得到更深的领悟；对于遵守纪律孩子的奖励，一定要用合理健康的方式，不能只用金钱来奖励孩子。

## 6.
## 做事前，不妨让孩子收收心

日常生活中，我们时常会有这样的感受：每次假期刚结束的时候，人们就很难将注意力集中起来，安心地工作。其实，对于这种"假期综合征"，最好的解决办法就是在开始做事情之前，为自己留一个"收心期"。

"假期综合征"也会发生在孩子身上，而且由于孩子自控能力不强，情况会更严重。当孩子玩得太高兴的时候，如果马上让他做另外一件事情，他可能还沉浸在玩乐的情绪中，很难静下心来做事情；如果孩子注意力太集中，就很容易沉浸在一件事情中，等事情完成后还会难以自拔，以至于不能很好地投入到下一件事情中。

微微是一个12岁的小女孩，从小聪明活泼，做事情也比较认真，平时做事情能够集中注意力。可是她有一缺点让爸爸妈妈很头疼——微微比较贪玩，并且很长时间也不能收回心

来，无法把注意力集中到要做的事情上。

比如看电视，微微一看起来就没完没了，把吃饭、写作业的事情全都抛在脑后了，就连上厕所的时间都不给自己留。即便在妈妈的强制下，她关掉了电视，但是做事情也会心不在焉，很久都无法集中精神；

再如，微微喜欢和小伙伴们在公园中玩耍，并且很容易因为玩而忘记了时间，不肯回家。有时候，回到家很长时间后，微微还没能把心收回来。

问题最严重的是放假。对于孩子来说，放假就意味着自由，可以无拘无束地玩。结果，微微在假期中玩得太疯狂了，开学都好几天了，她还不能把心思放在学习上，导致状况层出不穷。她会每天赖床，不是说头疼，就是说肚子疼；上课注意力不集中，容易看着窗外发呆……

对于微微这样的情况，爸爸妈妈感到非常着急，但是不知道究竟怎么样才能让孩子改变。

其实，孩子难以将注意力从一件事情转移到另一件事情，并且很难进入状态是非常正常的现象。作为父母，最好不要强迫孩子快速地进入状态。

孩子由于年龄尚小，不像大人一样有很好的自制力，越是强迫他快速转移注意力，就越容易引起孩子的反感。父母应该给孩子一个缓冲期，让他收收心。在这段时间内，父母可以帮助孩子调整身体和心理状态，让他的内心彻底平静下来。

那么，父母应该如何帮助孩子收心呢？

## 1.给孩子留出适当的时间

很多父母直到孩子开学前一天，才开始对孩子唠叨"明天就要开学了，你应该做好准备了"；有的父母则会突然禁止孩子的娱乐活动，让孩子尽快进入学习的紧张状态。殊不知，这样的做法只会增加孩子的紧张情绪，使孩子产生巨大的心理反差，从而导致孩子产生逆反心理。

对于这种情况，家长应该在孩子开学前几天，就开始营造一个良好的氛围。比如，父母可以帮助孩子一起购买学习用品；让孩子给同学打电话，聊一聊开学的情况；父母还可以帮助孩子制订一个新学期的学习计划表；在开学一星期前，父母就开始调整孩子的作息情况，停止剧烈的娱乐活动等，以便让他以更好的精神状态去投入到新学期的学习中。

其实做任何事情都是如此，孩子做完一件事情之后，家长千万不要立即给他布置另外的任务，而是应该给他一段时间来调整自己的状态。这样一来，孩子才能精神饱满地投入到下一件事情，从而专注地完成所要做的事情。

## 2.收心不能急刹车，要有一定的缓冲时间

孩子刚刚在外面和小朋友追打玩闹完，内心还非常激动，气息还没有平息下来，你一下子就让他安心地吃饭，他能吃得下去吗？孩子刚刚看完动画片，还沉浸在有趣的故事情节之中，你马上让他坐下来做作业，他能集中精神吗？

对于这种情况，家长可以先让孩子洗漱一下，休息一段时

间，准备吃饭，然后暗示他吃完饭后应该认真写作业了。那么，孩子就会利用吃饭这段时间来收心，从而在写作业时做到注意力集中。

### 3. 给孩子积极的心理暗示

很多孩子不能很好地将注意力转移到下一件事情，往往是因为缺乏一个好的心理暗示。这时候，父母应该从积极方面对孩子进行心理暗示，让他做好做下一件事情的准备。

比如孩子正在玩游戏，父母可以提前对孩子说，"你已经玩了 1 个多小时了，接下来应该写作业了。我再给你 10 分钟时间，收拾好自己的玩具，然后休息一会。"在这段时间内，父母可以和孩子进行沟通，询问孩子的学习情况，以及询问他作业情况，让他做好了写作业的准备。

总之，作为父母应该考虑孩子的适应和接受能力，不能强迫孩子立即把注意力从一件事转移到另一件事上，而是应该给他一段时间，让他收收心。整理好心情，孩子才能全心地投入到一件事情之中，并且高效快速地完成。

## 7

## 把节约出来的时间还给孩子

每位父母都希望孩子能够很好地利用时间，希望他们在有效的时间内完成更多的事。然而，孩子毕竟是孩子，在他们还没能

很好地认识时间之前，你就要求他们珍惜时间、节约时间，孩子怎么能做到呢？

况且一些父母只知道让孩子节约时间，并且给孩子制订了严苛的时间表，要求他们能够按照规定来做事情，却不懂得让孩子体会到节约时间的好处，那么，孩子怎么能乖乖地按照父母的说法去做呢？

所以，想要孩子更好地珍惜时间，父母就应该让孩子体会到节省时间的好处，把节约出来的时间还给孩子。

华华是个9岁的小男孩，妈妈为了让孩子能节约利用时间，给他制订了详细的时间表，要求他凡事都必须按照这个表格来执行。比如叠被子2分钟，穿衣服3分钟，洗漱3分钟，吃饭15分钟……

一旦华华慢了一点，或是没有在相应的时间做妈妈要求的事情，妈妈就会大吼大叫地说："你这孩子快点不行啊！""我这么辛苦给你制订了时间表，你却不按照表格来做，这怎么养成好习惯。"

华华感觉自己就像被上了弦的钟一样，必须按照严格的时间来走，一点自由都没有。于是开始故意和妈妈作对，故意放慢吃饭和起床的速度；故意不认真写作业；做事情三心二意地，一会儿去喝水、一会儿上厕所……

妈妈看到孩子如此不听话，故意和自己作对，便生气地说："你这孩子以前还算听话，现在怎么这么气人！我安排时间表不是为你好吗？你就不能好好配合吗？"这时候，华华说：

"你把我的时间安排得满满的，我就像是被上了弦的钟一样一刻都不能停，做完了这件事情还有另一件事情等着我去做。既然如此，我那么快做完干什么，岂不是让自己更累？"

妈妈说："我不是为你好吗？"

华华无奈地说："为我好就打算把我累死了？"

听了孩子的话，妈妈一句话也说不出来。经过了一段时间的思考后，妈妈修改了孩子的时间计划表，并且征求了华华的意见。现在，华华的时间宽裕了很多，而且完全掌握了节约出来的时间的使用权。这一下，他再也不和妈妈作对了，做事效率也提高了很多。

对于父母来说，教孩子合理、充分地分配利用时间，是一项重要任务。而只有找对了方法，才能让孩子认识到时间的重要性，从而自觉地改掉注意力不集中、做事磨磨蹭蹭的坏习惯。

对此，儿童教育专家提出，父母应该在帮助孩子制订合理时间表的同时，帮孩子建立起一套"节约时间奖励机制。"

## 1. 把催促、批评变为鼓励、表扬

当孩子做事磨磨蹭蹭时，父母不妨多鼓励一下孩子，一旦孩子试图在行动上有所改善，就应该对孩子提出表扬。

一开始，父母可以给孩子布置几个简单的任务，给1或2分钟的时间完成，如果孩子能很快做好，家长要及时给予赞赏，对孩子说"你现在穿衣服快多了！""你现在收拾书包快多了！"这样，孩子就会觉得很有成就，继续快速把事情做好。

### 2. 把节约下来的时间还给孩子

如果孩子节约了时间，父母只是给予金钱或物质上的奖励，那么孩子有可能会为了得到更多的金钱和物质奖励来努力节约时间。但这不是长久之计，一旦孩子对金钱和物质的需求不那么强烈时，这种方法也就失效了。而且这会给孩子造成一定错觉，即为了某些利益而节约时间。

父母可以把每天老师布置的作业做一个大概的估计，将孩子需要完成的任务进行一个时间预算。当孩子在这个预算内按时或提前完成任务时，不要再给孩子增加任务量，而是要把富余下来的时间还给孩子。

同时，父母要告诉他们，这是节约之后剩下来的自由时间，你完全可以自由支配。这样一来，就可以刺激孩子做事情的积极性，让他提高做事效率。

作为父母，要相信孩子，当你把节约的时间还给孩子的时候，让他们知道了节省时间的好处，他们就不会再拖延时间、浪得时间了。

## 8.
# 对孩子的不合理要求坚决说 "No"

现在的父母对孩子较为纵容，孩子想要什么就给什么，孩子想怎么做就怎么做，从而使得孩子养成了自私无理的性格，常常

对大人提出一些无理要求。有的父母为了哄孩子高兴，时常会毫不犹豫地满足孩子的要求。有的父母一开始会拒绝孩子的无理要求，可孩子一开始哭闹、撒娇，他们也就放弃了原则，半推半就地答应了。

其实，这两种做法都不是正确的选择。因为它会放纵孩子，一而再再而三地提出无理要求。到时候，父母再后悔当初的做法恐怕已经晚了。

所以，作为父母一定要对孩子的不合理要求说"NO"，坚决而又明确地告诉自己的孩子：这件事情是绝对不允许的。

对于儿子彬彬的无理取闹，张女士可是伤透了脑筋。4 岁的彬彬今年已经上幼儿园了，可是总是提出一些不合理的要求。比如，他已经有好几个遥控汽车了，却仍不满足，总是黏着妈妈再买一个新的。如果张女士不答应他的要求，他就坐在地上大哭大闹："妈妈，我要新的遥控汽车。我就要新的，你不给我买我就不起来！"张女士不理他，他就哭得越大声，最后张女士只能向孩子妥协。

再比如，他总是不想去幼儿园，早上妈妈叫他起床的时候，他就窝在被窝里说："我不要上幼儿园，我要到游乐场去！"张女士哄着说："这个星期你已经两天没有上学了，再这样下去，老师和小朋友都快不认识你了！乖宝宝，我们穿衣服起床，好好上学吧！"可彬彬就是不起来，死死地抓住被子，不肯穿衣服。

张女士没有办法，只能说："那今天是最后一次了，你不能再逃学了……"她话还没有说完，彬彬就说："真好！今天不用上学了！妈妈，我们去游乐场吧！"张女士只能无奈地说："好好好，你穿上衣服我们就去！"谁知，彬彬这下比谁都快，很快就自己穿好了衣服。

由于张女士一次次的纵容，孩子的无理要求越来越多。一次，天已经黑了，可是彬彬却哭闹着想要去公园玩，张女士觉得时间太晚了，况且已经到了做晚饭的时间，就没有答应他的要求。看着自己的办法不灵了，彬彬就大声地哭闹起来，张女士只好说："一会儿爸爸就回来了，让爸爸带你去玩好吗？妈妈必须要做饭了！"听到张女士说这样的话，彬彬才停止了哭闹。

爸爸回来后，彬彬立刻提出了自己的要求。可爸爸拒绝他的要求，说："现在已经7点多了，所以不能再出去玩了。"张女士说："我已经答应他了，你就带他去吧！不然就要哭闹了！"

爸爸严肃地说："如果孩子的要求是合理的，我们理应答应。就是因为你一再地纵容，他每次才会无理取闹。这样一来，孩子长大之后怎么办？"张女士说："可是孩子还小啊！"爸爸说："孩子小，我们也要学会对孩子说'NO'，遇到不合理的要求就得严厉地拒绝。"

面对孩子无理的要求，很多父母不能明确地拒绝，就像是故事中张女士一样，总是答应孩子的要求。结果，孩子开始变得变本加厉，提出的要求越来越不合理。

其实，对于几岁的孩子来说，遇到自己的要求被拒绝的情

况，选择哭闹的方式来发泄情绪是再正常不过的事情。孩子哭闹，只是因为妈妈的做法不符合自己的心意，这是一种本能的反应。随着年龄的增长，孩子学会了控制自己的情绪，并且明辨了是非之后，哭闹的情形就会有所改善。

父母不要因为孩子哭闹就答应他们的请求。父母要知道，规则的建立是从孩子小时候就要开始的，如果父母不能做到坚决对孩子的无理要求说"NO"，随着孩子越来越大，需求越来越多，那么他的要求也会越来越多越来越无理。而当父母一开始就拒绝的时候，孩子就会明确地知道什么可以做什么不可以做，明白什么要求是合理的什么要求是不合理的。这样一来，他才能慢慢地控制好自己的情绪，并且管理好自己。

当然，父母也要适当地拒绝孩子。

### 1. 不纵容、不盲目，拒绝孩子的不合理要求

父母不要认为爱孩子就是无条件答应孩子的所有要求，不管这要求是不是合理。这样的爱是盲目的、不理性的，等于给孩子送了一颗"定时炸弹"，让他的未来增添了无数的不确定因素。

如果孩子没有时间观念，总是晚睡晚起，而父母一味地纵容孩子，那么孩子就很难形成正确的时间观念；如果孩子做什么都不能马上行动，总是要求"等一会儿"，而父母也不懂得对孩子说"NO"，那么孩子就会习惯了拖延，成为严重的拖延症患者。

所以，作为父母想要让孩子树立起正确价值观和时间观，让孩子健康成长，就应该敢于拒绝孩子的不合理要求，斩钉截铁地给予孩子回绝，不留任何余地。

　　而且一旦拒绝了孩子，就一定要坚持下去。即便发现有不妥的地方，也千万不要当场反悔，尤其不能因为孩子撒娇哭闹而改变主意。

## 2.温柔地拒绝，不能太严厉、太粗鲁

　　当然，拒绝孩子的时候，父母也不能太过于严厉，更不要采取太粗鲁的态度，否则会让孩子不敢提出自己的合理要求。父母可以温柔而坚定地对孩子说"不"，也可以利用眼神和表情给予孩子警告。

　　父母还要顾及孩子的情绪和感受，事后要给予孩子安慰，并且讲明道理，让他们明白父母是认真考虑了他们的要求之后才拒绝的。这样一来，既拒绝了孩子的无理要求，又不会打击孩子的情绪。

# 第六章

## 让孩子做自己爱做的事

——用兴趣激起孩子的专注力

**06**

　　兴趣是孩子最好的老师，当孩子对某件事情产生浓厚兴趣的时候，就会积极主动去尝试，并且投入全部的精力和热情。可是如果孩子对于某件事情没有兴趣，那么就会三心二意、无法进入状态。因此，父母们应该让孩子做自己喜欢做的事情，并且想办法激发孩子的兴趣，以便激起他做事的专注力。

# 1.

## 孩子专心做事情时，父母不要轻易打扰

很多父母认为，孩子时常会做出一些令大人费解的事情：

比如有的孩子喜欢玩一张纸，如果你不去理他，他可以玩一两个小时；

还有的孩子喜欢蹲在鱼缸前观看金鱼，他们可以连续观察半天，只是想知道鱼儿怎么游动；

还有的孩子看到蚂蚁搬家就走不动路了，蹲在路边一直观察这些小蚂蚁……

对此，很多父母会抱怨：为什么孩子做正经事的时候三心二意，可做游戏、观察小动物的时候就能专心致志呢？于是，父母为了不让孩子把时间浪费在这些没有意义的事情上，便经常会无情地打断孩子，杜绝孩子做这样的事情。

其实，这种做法是非常错误的。在孩子眼中，这个世界充满了新鲜感和神秘感，他们无时无刻不在用自己的双眼去观察，用自己的手脑去探索和体验，并且会全身心地投入到自己感兴趣的事情之上。如果这个时候，父母随意干扰孩子，让孩子中止所做的事情，不但会让孩子扫兴，更会让他们产生挫败感，从而很难

再集中精神去做事情。这对于孩子注意力和专注力的培养是非常不利的。

要知道，人们只有对自己感兴趣的事情才会投入全部的注意力，而教育家们也倾向于利用孩子的兴趣来培养他们的注意力和专注力。那些在大人们看起来幼稚的，甚至是错误的事情，恰恰能极大地吸引孩子的好奇心和注意力。

有一个男孩在 7 岁那年，跟随父母来到乡下居住。在这里，他第一次见识到了麦田和溪流，见识到了简陋的农场和草地。在他眼里，那些猪、羊、鸡、鸽子、黄莺、蜜蜂、小刺猬，甚至各种天上飞的地上爬的小昆虫等等都是那么新奇。这个男孩被这个新奇的世界深深吸引住了，于是他把大把的时间花费在跟踪这些动物和昆虫上。

父亲见孩子如此喜欢小动物，就送给他一本昆虫画集。男孩对这本书爱不释手，并逐渐痴迷上了对昆虫的研究。一次，在放学回家的路上，他发现一群蚂蚁正在交头接耳，不知道要干些什么。这一下子吸引住了孩子的注意力，他立刻蹲下来，悄悄地尾随在后面，以便观察蚂蚁们的动静。过了很长时间，他终于发现，原来这群蚂蚁捡到一只死去的绿青虫，并且想方设法集结起来把它运回洞里。这是一项声势浩大的工程，蚂蚁们有的调兵遣将，有的传递信息，男孩感到自己仿佛已经融入蚂蚁们的世界中。

就这样，时间一分一秒地过去了，男孩依然趴在地上悄悄尾随着蚂蚁。天色慢慢暗下来，收工的农民都陆续回家了，有的人看到男孩便劝他赶快回家，有的人见他不动声色则会嘟囔一句："这孩子中邪了。"有个好心人通知了男孩的父亲，没想到父亲却笑一笑说："不用管他，等事情结束了，他会回家的。"

在父亲宽容的教育态度下，男孩越来越喜欢研究昆虫，他会为了追踪一只罕见的蝴蝶而喘着粗气跑上 2 公里；他会为了保护昆虫而自己摔上一跤；冬天之前，他会将许多昆虫捕捉回家，以免它们冻死……

谁又能想到，正是这样一个奇怪孩子，在多年以后写下世界闻名的《昆虫记》，成为一名昆虫学家和文学家。他就是法布尔。

法布尔从小就对昆虫有兴趣，为此经常做出一些令人啼笑皆非的事情。但是他的父亲并没有觉得孩子的行为是荒谬的，反而鼓励孩子认真地研究这些昆虫。正是这样的保护和鼓励，才让法布尔能专心地研究昆虫，并且把它当成了终生的事业。

在日常生活中，很少有父母能够做到这样。当他们认为孩子做的事情没有意义的时候，就会以浪费时间为由打断孩子正在进行的事。因为孩子总是被打断，所以专注力被破坏了，无法专心地做任何事情。

其实只要孩子有耐心投入到一件事情中，那么不管这件事是否与学习有关，父母都不应该将其打断，而应该让他们全身心地投入到活动中去。因为既然孩子能够那么专心地去做一件事，说明这件事对他有很大的吸引力，他很乐意投入到这项活动中来。这样做，不但有利于培养孩子的专注力，更有利于父母发现孩子的兴趣爱好，以及优点和长处。

其实，父母上前打断孩子往往并不是因为什么重大的事情，无非就是叫孩子吃饭，或是催促孩子快点写作业罢了。可这种打扰对于孩子来说就是一种伤害。

琳琳对画画感兴趣，平时总是会主动尝试涂鸦，画简单的线条和图案。可在琳琳作画的时候，如果琳琳的父母觉得孩子画的方式不对，或是颜色不好看，就会随意打断孩子，刻意教她正确的方法。琳琳的思路时常被打乱，之后再也无法集中精神了。

琳琳的爸爸妈妈还非常喜欢在孩子专心做事情的时候，在一旁大声谈话、看电视等。时间长了，孩子总是一边做事一边听爸爸妈妈说话，无法专心地做事。

结果，受到父母的影响，琳琳做事时常表现出心不在焉、注意力不集中的状态。

所以，父母要尽量给孩子营造一个安静的环境，让他们在不受外界干扰的情况下，集中注意力做他们喜欢的事情，如此孩子的专注力才能越来越好。

## 2.

## 强加的意愿，会破坏孩子的积极性

由于现在社会竞争异常激烈，很多父母们恨不得为自己的孩子设计一条完美的人生道路，让孩子多掌握一些技能，以便孩子能更轻松地获得成功，迎接美好的人生。

带着这样的想法，父母们为孩子们勾画了一幅幅美好的蓝图：小学到哪里去上，该学哪些特长，该报什么培训班；未来是该选择文科还是理科，就连将来上哪一所大学都已经规划好了。可是，父母是否想过，这些美好的愿望是不是自己强加给孩子的呢？

作为父母，不应该要求孩子按照自己安排的道路行进，也不能不顾及孩子的想法和意愿，否则只能激起孩子的反抗。

孩子虽小，但是他们也有自己的人生，也有自己想做和不想做的事情。父母需要尊重孩子，让他们做自己爱做的事情。同时，对于孩子感兴趣的事情，父母要给予支持和帮助，而对于孩子不感兴趣的事情，父母则不能强迫他去做。这样一来，父母的教育才能有好的效果，孩子才能变得越来越优秀。

著名教育家斯特娜夫人就深有感触。有段时间，她不知道怎么和自己的女儿沟通，因为女儿逆反心理特别强烈，不管让她做什么事情或是教她如何做，她都会反驳几句，有时候甚至是顶撞。

后来，斯特娜夫人开始改变自己，每安排孩子做一件事，都会详细告诉她每一个细节，包括为什么要这么做、为什么不能那样做等等，并且开始询问孩子的意见。这样一来，女儿也发生了改变，不再不断反驳斯特娜夫人对她的安排了。

很多父母觉得自己是家中的权威，孩子就应该听自己的安排，不能有反驳的机会和想法。他们总以为这样是为了孩子好，但是却因为很少顾及孩子的想法而遭到抵制和反叛。

我们可以理解这些父母的心情，因为每个人都想给孩子最好的东西，为孩子的未来铺好路。我们也不能否认，由于孩子年龄比较小，在某些事情上需要父母的帮助和指导。但是，父母要知道，我们要做的是让孩子知道如何更好地去生活，而不是代替孩子生活。

父母应该明白，强加的意愿会破坏孩子的自由意志，让孩子失去了选择权、积极性和自信心。而且，这种强势的做法也是行不通的，还会给孩子的人生带来很大危害。

孩子和父母之间应该是平等的，孩子是一个有生命的独立个体，他有自己的思想和意志。作为父母，不应该把自己的想法强加给孩子，而是应该让他们自己做主，凭借自己的意愿做事。

峰峰是个 6 岁的小男孩，正是"猫嫌狗不爱"的年龄，他时常表现出来的任性让妈妈很是头痛。

比如，有一天早上，妈妈给峰峰准备了一双黑色的棉袜，峰峰却哭着不肯穿；妈妈又给他换了一双黄色的袜子，他还继续闹，坚持不穿。妈妈只好强行给他套到脚上，并告诉他，再闹下去就该迟到了。

到后来，峰峰闹够了，也哭累了，妈妈让他自己挑到底穿哪双。结果他还是选了原来那双黑色的袜子。那段时间，峰峰几乎天天这样，对此，峰峰的妈妈苦恼不已。

所幸有一次，妈妈无意之中发现了儿子的秘密。当时，为了省事，妈妈特意准备好了两双袜子，并且没有强行给他穿上，而是问了一句："峰峰，你今天想穿黑色的袜子，还是黄色的？"

"黄色！"峰峰很干脆地回答，并没有出现任何反抗的举动。

峰峰如此的配合让妈妈很是不解，她本来预留出5分钟和儿子"战斗"的时间，结果仅仅几秒钟就搞定了。既然如此顺利，妈妈就顺势多问了一句："峰峰，你准备先穿左脚，还是右脚呢？"

"右脚！"峰峰又是很爽快地回答。

通过这件事，妈妈知道了给儿子选择权的重要性。此后，她都有意识地为儿子创造选择的机会，母子之间再也没有出现以前那样"两厢对峙左右难"的状况。

看吧，当妈妈尊重孩子并且给他选择权的时候，孩子的行动是非常迅速而且积极的。而当妈妈直接命令孩子的时候，他就会产生排斥心理，不仅无法激发他做事情的积极性，而且还浪费了大量的时间。

对于孩子来说，当他们获得了选择的自主权后，就会觉得自己受到了尊重，内心产生一种孩子特有的成功感和满足感。这样一来，他做起事情来自然就积极很多。

生活中我们时常会发现，当你指定孩子玩某件玩具的时候，他可能玩一会就放弃了，可如果是他自己的选择，那么他可能会玩半天；当孩子想读书时，如果你强制他选择某一本，那么他就

会磨磨蹭蹭半天也不行动，可如果你让他自己去选择，那么他就会满心欢喜地行动起来。

强加的意愿，无疑会破坏孩子行动的积极性。孩子的积极性都消失了，又怎么能集中精力把事情做得又快又好呢？所以，父母们应该知道，要尊重孩子的意愿，不要强迫孩子做任何事情。只有尊重了他们的选择，从他们的兴趣和爱好出发，才能让他们把事情做得越来越好。

## 3.

## 激发孩子的兴趣，让他找到自己的乐趣

在日常生活中，我们不难发现，孩子的注意力经常受到兴趣的左右。如果孩子对于一件事情有兴趣，他不但会集中自己的注意力，而且还能维持较长的一段时间。

可以说，兴趣是孩子们产生和保持注意力的重要条件。

比如，艳艳从小就对小动物或植物感兴趣，所以她就能长时间地观察这些动物或植物，而不受到外界因素的影响。而且她还能在仔细观察的过程中，发现或学习到与其相关的知识。虽然她年龄小，但是已经成为同学们眼中的"万事通"。

孩子对一件事情有兴趣，就会更愿意学习与自己的兴趣点相关的知识。那么，如果能够有意识地培养孩子的兴趣，是不是也

可以让孩子把注意力集中到他们平时不愿意做的事情中去呢？比如说，学习、劳动、锻炼等等。

然而，这做起来似乎并不容易。孩子本身还小，缺乏自制力和注意力，如果家长硬要让孩子对不喜欢的事情感兴趣的话，可能会得到相反的结果。对此，教育专家给出一个建议，就是帮助孩子在做事的过程中寻找到乐趣，从而让他对某件事情产生兴趣，促使他们集中自己的注意力，专心致志地做这件事情。

宇宇是个活泼的孩子，每天活蹦乱跳。妈妈一让他去玩，他就会开心得不得了。可是如果妈妈让他安静地坐一会，专心地做一件事情就难上加难了。

即便是玩游戏也是如此。妈妈时常带着宇宇到一家早教机构，老师会教孩子做一些拼图游戏、画画、搭积木等，别的小朋友可以安静地做半小时。可是宇宇连10分钟也坐不住，积木刚搭个基座，他就站起来跑到一边玩；画没画几笔，他又跑了……

很快，宇宇到了开始认字学知识的年龄了，爸爸妈妈却犯了难，因为这实在是太难了。父母每天只教他几个汉字，可是宇宇就是坐不住，一会儿看窗户外面的飞鸟，一会儿要去喝水，一会儿又要吃饼干，总之就是不愿意静下心来。妈妈有时还会给他讲故事，希望能通过故事培养他对认字的兴趣，然而一个故事讲了几遍后他就会感到无趣，也不愿坐在那长时间地听。

为此，妈妈感到非常头疼，时常思考如何能让孩子静下心

做一件事情呢？一天，宇宇在玩剪纸，这是他最喜欢的游戏。当他剪纸的时候，会比平时安静许多，能够专注的时间也长很多。妈妈突然灵机一动，为什么不利用剪纸来培养他的专注力呢？于是，妈妈把识字卡片全都拆下来，鼓励宇宇将卡片上的字全部剪下来。宇宇果然很感兴趣，不一会儿就剪下好几个大字来。在剪字的过程中，妈妈还在一旁告诉他，他剪下来的这个字念什么，是什么意思。就这样，在不知不觉中，宇宇已经把剪过的字深深印在了脑海里。

看来，让孩子在做事情的过程中发现乐趣才能激起他们的兴趣，那么是不是也能把讲故事变成一种游戏呢？妈妈想到，既然孩子不喜欢枯燥的文字故事，那么可以从绘本故事看起。幼儿绘本有一些简单的对白文字，也有漂亮的图画，宇宇在看绘本的时候，对故事产生了兴趣，自然就可以认识更多的字了。就这样，宇宇认识的字越来越多，也越来越喜欢看书，有时还会认出小朋友名字里面的字，于是宇宇对认字就更加感兴趣了。

之后，不管做什么事情，妈妈都借鉴这样的方法，首先找到孩子感兴趣的点，然后制造出许多乐趣，从而让宇宇爱上做这件事情，之后孩子做事时自然就积极主动，并且更加专注了。

本来宇宇是一个坐不住的孩子，并且不怎么愿意识字，不过妈妈却想到了一个合适的方法，那就是从孩子的兴趣出发，让他找到识字的乐趣。当然，这种做法也起到了很好的效果。

不管做什么事情，如果孩子没有兴趣，就无法集中注意力，从而浪费大把的时间和精力。作为父母，如果想要改善这一现象，就应该帮助孩子从中找到感兴趣的东西，让孩子爱上所做的事情，并逐渐提高做事效率和注意力。

## 1. 父母要改变思想，帮助孩子找到做事的兴趣

生活中很少有父母能够积极地激发孩子的做事兴趣，他们只注重孩子做事情的结果。比如今天认了几个字，画的画怎么样，而不是关心他在这个过程中是不是认真去做了是不是获得了快乐。就像外国的家长送孩子上学时，总不忘说一句："Have a good day！"而中国的家长总是大声喊："好好听课！"正因为如此，孩子们才对学习产生了排斥心理，更无法高效专注地去学习。

所以，父母们要改变自己的思想，不管是学习还是做其他事情，引导孩子激发孩子的兴趣，让他们找到做这件事的乐趣，如此孩子才不会产生排斥心理，才会积极主动地做下去。

比如原本孩子对画画没兴趣，不愿意花时间去学习，可是父母能够让孩子发现画画的乐趣，那么孩子就会主动地学习；再比如孩子不愿意去跑步，可父母如果能让孩子体会到跑步的快乐，那么孩子也会改变自己，积极主动地去跑步。

## 2. 把主动权交还给孩子

父母应该把主动权交还给孩子，让他们多动脑、多思考，如此孩子才能发现其中的乐趣。比如孩子在练习书法的时候，用同

一种笔法重复练习某一个字，这就很容易感到厌倦，从而无法专注地继续做下去。家长可以鼓励孩子把这个字按照自己的想法用不同的笔法写出来，看究竟哪个更好看，这样孩子就会开动脑筋一遍遍地尝试，专注力也就会提高。

### 3. 不要让孩子长时间做一件事

孩子毕竟是孩子，如果父母总是长时间让他做一件事，他就会感到厌倦，无法集中注意力。因此，父母不要强迫孩子长时间做事情，小孩子上一天学累了，回家先吃喝玩乐一番，这很正常的事；学习一周累了，周五的晚上他们会甩开一书包的作业，像个傻瓜一样疯玩一通，这都可以理解。只有给孩子自由玩耍的时间，当孩子身心都愉悦了，才能更容易激发兴趣。

## 4.
## 用问题引起孩子的注意力

在生活中，我们都会有这样的经历，当我们对某一件必须通过思考才能找到答案的问题感兴趣时，很容易就能让自己沉迷其中，从而注意力也会达到空前的集中。这是因为当一个人有了疑问的时候，他就会想要找到答案，从而为了追寻答案而把注意力高度集中。

那么，父母们是不是可以利用这种方法来提高孩子的注意力呢？

答案是肯定的。就像饥饿的人对食物总有一种特殊的敏锐度一样，人们对于自己感兴趣的问题也会有一种特殊的敏感度。好奇心比较强的孩子更是如此。在问题面前，他们经常会升起一种求知的饥饿感，从而高度集中注意力去研究解决问题，甚至会比大人更能将这种热情持续下去。

所以，父母想要培养孩子的注意力，可以在平时的生活中为孩子制造一些求知的饥饿感，以便引起孩子的兴趣。

葱葱是个活泼聪明的小女孩，在学校也经常被老师夸奖聪明伶俐。然而，父母深深知道，葱葱身上有一个致命弱点，就是无法集中注意力投入到一件事情当中。这是个让人头疼的问题，因为父母不可能掌控她的思想，让她必须对某件事集中精神。

这天，葱葱吃完饭后，一边玩游戏一边看动画片，时不时地还会哈哈大笑。爸爸知道葱葱十分喜欢看动画片，于是想出了一个办法。他走到葱葱旁边问道："葱葱，你知道动画片为什么叫动画片吗？"

葱葱一脸疑惑："不知道啊，为什么啊？"

"哦？葱葱这么喜欢看动画片，居然不知道这个吗？"爸爸故意刺激她。

"那到底为什么啊？我以前从来没想过这个问题啊！"葱葱追问。

"动画片啊，跟电视剧的制作方法不一样。首先是人工绘制出一幅幅图片，然后将它们按照顺序一张张排开，这样在播放的时候就形成一连串的动作了。"爸爸回答道。

"那它是怎么让一幅幅的图片连成动作播放的呢？"葱葱

听了仍然不满意这个回答，于是继续追问。

"唉！这个爸爸也不清楚啊！但是如果你想知道的话，可以自己查阅资料。我想既然葱葱这么喜欢看动画片，这个问题应该是要弄清楚的吧！"

听了爸爸的话，葱葱再也坐不住了，开始翻家里的书柜，找到一些相关书籍开始认真翻阅起来。过了一会儿，葱葱似乎没能从书中得到满意的答案，又要求爸爸帮她上网查找资料。

看到孩子将注意力都集中在这个问题的时候，爸爸想以后恐怕要多用问题吊起孩子的求知饥饿感了，这样对培养她的专注力有很大的帮助。


当孩子在思考一个让他感兴趣的问题时，很容易将注意力集中在所思考的这个问题上。这要求父母在孩子小时候，就要引导他们多动脑、多思考。

同时，孩子们都有强烈的好奇心，父母们要善于对孩子进行启发式提问，充分调动孩子的思维。比如平时可以提出这样的问题："春天到了，你知道大自然会有什么变化吗？""想一想，时针转动一圈是多长时间？"

不要怕孩子说错，提问孩子并不是单纯地为了让孩子回答问题，更多的是让孩子积极主动地思考，并且培养对于某一事情或是某一知识的兴趣。也不要急于告诉孩子答案，留给孩子足够的思考时间，这样一来，他们才会更加渴望寻找答案。

问题的范围很广，父母最好选择开放性的问题。这样的问题或许没有一个标准答案，但却有很多不同的理解角度。在孩子钻

研的过程中，不但能在专注力方面得到提升，更能开发他们的想象力和创造力。

虽然孩子的注意力很难集中，但是又天生具有强烈的求知欲和探求精神，对自己所不知道的事情，总是喜欢刨根问底。作为父母可以利用这一点，巧妙地向孩子提问题，激发孩子的兴趣，从而培养他们的注意力。

# 5.

# 用成就感引发孩子的注意力和兴趣

很多父母认为，只有严厉的要求才能让孩子进步，才能让孩子集中注意力。殊不知这样的想法是片面的。

孩子需要的是鼓励而不是打击，需要的是体验成功的乐趣而不是体会失败的刺激。如果身边的人时常肯定他，让他感受到自己的成功，那么孩子不管做什么事情都会信心百倍，并且充满激情。反之，当孩子做好了一件事情并满心喜悦地等到父母表扬的时候，父母却采取打击的方式来刺激孩子，那么孩子的积极性就会严重受挫，从而再也打不起精神。

事实上，许多父母对孩子的要求太过苛刻，以至于孩子无法体会到自己的成功和成绩，导致孩子遭到了沉重的打击，而无法集中注意力。

小俊的爸爸对此颇有体会。小俊是一个一年级的男孩，平时表现一直都不错，成绩也是名列前茅。爸爸认为，孩子之所

以能取得这样的成功，全靠自己平时对他的严厉管教。于是，他认为要想让孩子继续将好成绩保持下去，必须对他更加严厉，最好还能让他尝到一点失败的滋味。

一次考试后，小俊拿着很好的成绩回来，渴望得到爸爸的夸奖。可是爸爸却苛刻地警告他："别以为这次考得不错，就可以放松警惕，你明明能做得更好。瞧！只要注意力稍微集中一点，这道题就不会出错，那么名次就会再往上走好几个。"

小俊非常委屈，他不明白，为什么自己成绩这么好，听到的却是父母的埋怨而不是夸奖。难道自己真的是这么一无是处吗？想到这里，小俊成功的喜悦感一下子全都消失了，取而代之的是严重的挫败感，再也没有学习的兴趣了。慢慢地，小俊的成绩越来越差，而爸爸批评得也越来越频繁。

之后，小俊每次做作业的时候都拖拖拉拉、应付了事。一天，小俊做作业的时候不认真，坐下学习不到 5 分钟就想着出去喝水。这让爸爸大发雷霆，指着孩子的脑门责骂道："你现在是越来越不听话了。作业不好好做，成绩上不去，你到底是怎么回事？"

这时候，小俊委屈地说："我现在就是对学习没兴趣，一想到学习就烦！"

爸爸听完更生气了，扬起巴掌就要打孩子，并且大声嚷嚷："我这么严格要求你，你却一直退步，还不如之前学习认真，真是太气人了。"

这下小俊眼泪流了下来，大声喊道："你就知道让我专心学习，可是之前不管我再努力，你都不会表扬我，让我感受不

到一点的成就感。这样一来，你让我怎么对学习提得起兴趣？我在你们眼里就是一无是处，你们到底要我怎样？"

小俊的爸爸听了孩子内心的反抗，不禁开始怀疑自己的教育方式是不是出现了问题。

不用问，小俊爸爸的教育方式确实出现了问题。他只想到严格要求孩子，却忽视了让孩子体会到成功的快乐和被肯定的快感，如此孩子怎么愿意主动去学习呢？

想要让孩子成功，就必须让孩子集中注意力，激发他们学习的兴趣。不能总是打击孩子的积极性，而是应该给予其积极的暗示，让他体会成功的乐趣。

教育专家指出，在培养孩子做事的注意力和兴趣时，正需要用这种成就感来刺激他们。成功的快感能让孩子对事情充满热情和兴趣，而兴趣又是培养孩子注意力不可或缺的因素。所以，受到成就感鼓舞的孩子，往往在做事情时能够集中注意力。

一个心理学家曾经做过一个实验：他把一条肉食鲨鱼放养在鱼缸里，并在鱼缸中投入很多条小鱼，让它可以任意吞食。几天后，心理学家用一片玻璃把这条鲨鱼与其他小鱼隔开。一开始，鲨鱼还像以前一样，看到小鱼就顺势游过去想要将小鱼吞进肚子里，可结果却撞到玻璃上。几天下来，它不但一条鱼没吃到，反而把自己撞到遍体鳞伤。在经历过一次次失败后，鲨鱼终于放弃了对小鱼的捕食。这时，心理学家又偷偷将中间的玻璃隔板拿开，可这时即使小鱼在鲨鱼面前肆意游走它也不

会再奋起直追了。最终，那只可怜的鲨鱼饿死在了食物成群的鱼缸中。

实验到这里还没有完。心理学家将另一条鲨鱼放养在有许多小鱼的鱼缸中，并同时用玻璃挡板将鲨鱼和小鱼分开。当鲨鱼前两次攻击小鱼而一无所获时，心理学家没有采取任何行动。第三次，鲨鱼依然向小鱼扑去，这时心理学家将挡板悄悄拿掉，于是鲨鱼很轻松地吃到了小鱼。按照这种模式，心理学家将实验继续下去，结果尽管这条鲨鱼有很多次的失败，却始终保持着战斗力。

为什么在第一个实验中，鲨鱼很早就对捕鱼失去信心从而饿死在美食之中，而第二条鲨鱼尽管失败多次，却依然对捕鱼乐此不疲呢？其根本原因就在于成就感的刺激。第一只鱼经历了多次重创没有成功捕到过鱼，因此对此失去信心再也不愿意行动；而第二条鲨鱼尽管多次碰壁，但却偶然能取得一次成功，正是这为数不多的成功刺激他越战越勇。

对于孩子的教育也是如此。想要让孩子愿意做某件事情，就不要让他失去信心，反而应该让他体会到成功的快乐。

在日常生活中，父母不要对孩子要求太高，因为孩子还小，不可能凡事都做得尽善尽美。我们要多让孩子做自己最擅长的事，当孩子收获了自信和成功之后，再鼓励孩子做那些不擅长的事情。这样的做法要比先让孩子做不擅长的事情，更容易激发他的积极性和专注性。

另外，没有什么比家长的认同更能让孩子信心大增并获得成

就感的了。因此，当孩子完成某件事情并且成绩不错时，家长就要给予适当的鼓励和赞美，甚至给他一些物质上的奖励。在这种赞美和夸奖的激励下，孩子会为此付出加倍的努力，从而也会将所有的精神和兴趣集中在这件事上。

满足孩子这一点点的虚荣心就能换得更大的动力，何乐而不为呢？

## 6.

## 如果孩子有兴趣，就给他尝试的机会

对于孩子来说，兴趣就是最好的老师。如果孩子对一件事情不感兴趣，不但会浪费精力和时间，还无法达到预期的效果。而如果孩子满怀兴致地去做一件事情，不用父母提醒和催促，他们也会全力以赴、专心致志地完成。

如同歌德所说的一样："哪里没有兴趣，哪里就没有记忆。"当一个孩子对某件事情产生了兴趣的时候，他就会非常愿意为之付出努力和时间。

可是生活中，很多父母却忽视了这一点。

一个女孩非常想要学习跳舞，可是父母觉得孩子身材胖胖的、肢体比较僵硬，并不适合跳舞，便拒绝了孩子的请求。不仅如此，父母还说："你没有曼妙的身姿，没有跳舞的天赋，不如我们学习画画吧！"

于是这个女孩又开始想学画画，但是父母又觉得她身上没有那种艺术特质，就武断地对孩子说："看看你的样子，你根本就不是学画的料。即便是学了，也当不上画家！"

说实话，这样的父母实在是太失败了！他们不仅用自己的武断和独裁遏制了孩子的兴趣，而且还毫不留情地打击了孩子的自信心。试想，这样的孩子能够健康地成长吗？

每个孩子都有自己的兴趣爱好，有自己想要做的事情，他们不必有这方面的天赋，也不必将来有所成就。只要他们对这件事情感兴趣，父母就不应该打击和制止。

作为父母，应该放开自己的双手，让孩子去做自己想做的事情。如果父母不给他们尝试的机会，那么永远也不知道自己的孩子有多大的潜能。

甜甜的妈妈为了不让孩子输在"起跑线"上，在她3岁的时候就替她报名参加了芭蕾舞培训班。每到周末的时候，甜甜就要花费2个小时去上培训班，练基本功提高身体的柔韧性。

在这个过程中，甜甜妈妈也感到非常骄傲，好像看到自己的孩子变成了一只优雅的小天鹅，在舞池中优美地舞蹈着。她还梦到自己的孩子在将来成为一名出色的舞者，把舞蹈跳到了更大的舞台。可是，令她没有想到的时候，随着年龄的增长，甜甜对芭蕾舞越来越没有兴趣，上课的时候不认真练习，回到家之后也不练功。当妈妈批评她的时候，她告诉妈妈说："我现在一点儿都不喜欢芭蕾舞，对这个东西也没有兴趣。我比较喜欢跳拳道，我看到隔壁小朋友练习跆拳道，实在是太帅了。妈妈，不如我去报名学跆拳道吧！"

妈妈生气地说："小女孩怎么能练跆拳道呢？你又不打算和别人去打架！你已经练了好几年芭蕾舞了，怎么能半途而废呢！之后，你必须好好练习，否则就要受罚了！"

甜甜的要求被妈妈拒绝了，可是心思却无法再回来了。每次上课的时候都敷衍了事，有时间就跑到跆拳道教室，偷偷地看别的小朋友练习，有时候自己还踢腿、劈腿。由于她有舞蹈功底，竟然可以轻松地劈腿。

过了一段时间后，舞蹈老师找甜甜妈妈谈话，讲述了她最近的情况。妈妈看她实在对跆拳道感兴趣，便对她说："既然你对跆拳道感兴趣，那么我可以让你去尝试一下。"听了妈妈的话，甜甜自然是十分高兴。可妈妈又说："不过，你要知道练习什么都必须有始有终，必须能够吃苦。你必须确定对跆拳道真的有兴趣，而不是一时兴起而已。如果练了一段时间后再放弃，那么只能是浪费时间！"

甜甜听了妈妈的话，认真地说："我真的喜欢跆拳道。"听孩子这样说，甜甜妈妈就不再犹豫了，帮助孩子报了培训班。而这次甜甜确实比较积极努力，没有出现懈怠偷懒的情况。

虽然甜甜妈妈认为女孩子适合跳舞而不适合跆拳道，但是孩子对于芭蕾舞没有兴趣，又怎么能坚持专注地去学习呢？作为父母，要知道培养孩子的能力虽然重要，但是也要看孩子的兴趣是否在此。

事实上，如果父母能够尊重孩子，让他们尝试自己感兴趣的事情，即便孩子无法获得多大的成就，他们也会尽最大的努力把事情做得更好。因为这是他们自己的兴趣，是自己选择的事情，所以他们才更愿意投入地去做。

不管孩子的兴趣是什么，父母都应该以欣赏的眼光去看待，以积极的态度去对待。对于孩子来说，兴趣就是他们不断努力的动力，也是全身心投入的前提条件。即便孩子不适合画画，画得不好，父母也不要说"你不适合画画""你没有这样的天赋"，这样不仅会打消孩子的积极性，还会让孩子对一切失去了兴趣。

没有兴趣，一切都是枉然。所以，如果孩子对某件事情有兴趣，父母就应该鼓励孩子去尝试，而不是逼迫孩子做父母认为对的事情。

## 7.
## 参与到孩子的兴趣中来

孩子刚刚认识这个世界的时候，会对所有事情产生极大的热情和兴趣，并且希望父母能够参与到自己的兴趣中来，陪着自己一起去尝试和探索。可事实上，很少有父母能够参与孩子的兴趣，和他们分享自己的快乐和喜好。

于是，当孩子兴奋地对父母说："爸爸妈妈，跳舞是我非常感兴趣的事情，你觉得我跳得怎么样？"这时候有些父母不仅不能给予孩子夸奖，反而会敷衍地说："嗯嗯，你喜欢就好！"当孩

子要求父母和自己一起跳舞的时候，父母还会不耐烦地说："去去去！你自己跳就好了，没看到我正在忙着做事吗？"

这些父母觉得兴趣爱好是孩子自己的事情，只要他们喜欢就好了。他们从来没有想过要参与孩子的兴趣，更没有想过给予孩子正确的引导，让孩子尽情地享受自己的兴趣。

可悲的是，这样的父母并不在少数。我们相信这些父母都是爱孩子的，懂得尊重孩子的兴趣，但是却不懂得体会和参与孩子的快乐。他们不知道的是，当自己多次拒绝参与孩子的兴趣时，孩子的积极性就会受到打击，内心就会产生这样质疑："为什么我的兴趣爱好得不到父母的认可？""难道他们不喜欢我做这个吗？"同时，孩子还会认为父母不可爱可亲，无法体会和懂得自己的快乐，从而导致亲子关系渐渐疏远。

事实上，孩子有喜欢和感兴趣的事情，最先想到的就是和父母分享，并渴望得到父母的支持和赞扬。当父母参与到孩子的兴趣中，与他们一起愉快地做一件事情的时候，孩子不仅会提高做事情的积极性，还可以进一步增强做事的专注力。

姗姗从小就对古老的东西感兴趣，家里不知哪辈子传下来的挂钟、还有不小心从奶奶家院子里挖出来的破旧不堪的陶瓷小罐都能让她爱不释手。小小年龄的她特别喜欢看关于考古的节目，遇到不懂的事情还会问爸爸妈妈，可是对于某些专业术语，或者具有特定时代背景和历史内涵的东西，爸爸妈妈也无能为力，根本无法作答。但他们并没有随便将问题抛开，而是尽自己最大的努力来为孩子解答。

爸爸见姗姗如此钟爱古董，便经常带她去历史博物馆参观那些真正的古董，同时妈妈为她订阅了好多历史和考古类杂志。一家人经常会讨论各个朝代的文化背景，看到一件古董时会一起尝试鉴定它的年代。

在热爱古董这条路上，爸爸妈妈一直陪在姗姗的左右。终于，姗姗凭借自己优秀的鉴别力，被北京大学考古系破格录取。进入大学后，姗姗虽然不跟爸爸妈妈在一起了，但爸爸妈妈还是会想方设法地帮助姗姗搜集相关资料，一旦发现报纸或杂志上有关考古的知识和报道，一定会在第一时间通知姗姗。

考古是一条十分辛苦而乏味的道路。但是，每次看到爸爸妈妈对自己的支持和奉献，就会让姗姗信心大增，不断激励自己继续努力。

如果姗姗的父母没能参与到孩子的兴趣中来，并且给予孩子全力的支持，或许姗姗就不可能把一时的兴趣爱好发展成事业。如果姗姗的父母在孩子问一些稀奇古怪的问题时，采取不耐烦或是冷漠的态度，那么就会浇灭孩子对于考古的热情，从而埋没姗姗的才华。

因此，作为父母不要觉得孩子的想法和做法都是幼稚的，也不要觉得参与孩子的事情是丢脸的行为。积极参与到孩子的兴趣中去，和孩子一起探索的过程，是帮助孩子增长知识的过程，也是培养和提高孩子注意力的过程。

当孩子邀请父母与自己一起画画、跳舞的时候，父母不要以忙碌为借口拒绝孩子，也不要不耐烦地让孩子自己一个人玩，不妨与孩子一起行动起来。这不仅能够营造良好的亲子氛围，还可以让孩子受到激励和鼓舞，使孩子维持自己的兴趣热情，从而培养孩子的积极性和专注力；

当孩子对天空有兴趣的时候，不断提出"夜空为什么是黑色的""星星为什么会一闪一闪的"的时候，父母不要不耐烦，反而需要和孩子一起查阅资料，帮助孩子找到答案。这个过程，会让孩子欣喜不已，这种欣喜不单单是因为找到了答案，更源自父母同他一起的行动，这甚至比发现美洲新大陆更令他们激动不已。

而当孩子为了追踪一只蚂蚁而在地上蹲个半天时，父母也不要催促孩子赶紧走路，不妨也蹲下来和孩子一起研究研究。父母可以尝试地问："你知道蚂蚁为什么会搬家吗？""你知道蚂蚁可以扛起比它身体重几倍的东西吗？"这时候，孩子一定会对蚂蚁更加感兴趣，着急找到这些问题的答案。这时候，父母再让孩子学习一些关于蚂蚁的知识，孩子就会认真积极很多。

参与孩子的兴趣，这就需要父母善于从生活中的点点滴滴发现孩子的兴趣。其实要做到这样很简单，就是平时要留心观察，发现孩子的快乐，基本上就能找到他的兴趣点了。

比如，当孩子能付出一定的努力来作一幅画时，当孩子读着一本书哈哈大笑时……这些平凡的片段都蕴藏着孩子对未知的欣喜和热情。这时，父母可以参与进来，陪孩子一起涂涂画画，一起哈哈大笑，那么孩子对于这些兴趣的热情就会持久很多。

不过父母要记住一点：参与到孩子的兴趣中来，并不是干预

孩子的兴趣，也不是让孩子按照父母的意愿培养兴趣。参与孩子的兴趣，父母要做的是走进孩子的世界，陪着孩子一起去探索和研究世界，一起去增长知识和见识。

## 8.
## 报什么培训班，还得看孩子的兴趣

兴趣是激发孩子做事情的内在动力，孩子对于自己感兴趣的事情才更愿意去做，才能更专注地去做。如果孩子对这件事情没有兴趣，即便父母说再多的好处，恐怕孩子也无法持久地做下去。可是，生活中很多父母不仅不重视孩子的兴趣爱好，还会将自己的意愿强加给孩子。

就拿报班来说吧，父母觉得孩子应该有一些特长，于是给孩子报了绘画、舞蹈、钢琴等兴趣班，却没有问孩子喜不喜欢；父母看到其他孩子报了英语班，为了不让自己的孩子落在别人后面，也会给孩子报英语班，根本不征求孩子的意见。结果，孩子学习积极性不高，效果不明显，父母还抱怨孩子不听话，浪费了自己的一片苦心。

可是这些父母有没有想过，当初给孩子报班的时候，是否问过孩子究竟喜不喜欢学，到底有没有兴趣学呢？或许，这些都不是他们关心的问题吧！

易欣的父母对她的期待特别高，因此不惜花费很多时间和金钱去给孩子报各种各样的兴趣班，却从来没有问过孩子究竟喜不喜欢学。

这天又到了周末，易欣该去练钢琴了。吃过早饭后，妈妈就催促易欣去换衣服准备出发。然而，等了十几分钟之后还不见易欣出来，妈妈着了急，一边嘟囔着一边推门走进易欣的房间。

只见易欣正躺在床上看漫画书，衣服也没有换，头发也没有梳理。妈妈见状，拉起易欣的手就开始打："我让你看漫画，那有什么好看的。花了那么多的钱让你学钢琴，还没学出个人样就开始三心二意了！"

易欣挣脱了妈妈的手，哭着说："我根本不喜欢学钢琴，也没有让你们给我报班！是你们自作主张！"

妈妈听了一下子呆住了。的确是她自作主张，但是这不是为了孩子能有一个更好的前途吗？况且，让孩子学一两个特长，还有助于培养他们的注意力，难道自己做错了吗？

我们能理解易欣妈妈的苦心，想要孩子有自己的特长，以便将来有更好的发展。她的初衷是好的，可是她并没有弄明白这个道理：不管学习什么特长，得需要孩子有了一定兴趣之后才能有所收获。

如果孩子连一点兴趣都没有，又怎么能够一心一意地投身到其中学习呢？如果没有一点兴趣，要想让孩子集中注意力到一件事情上，岂不是强人所难？

所以，作为父母，在给孩子报培训班的时候，应该考虑孩子

的兴趣而不是自己的兴趣。

## 1. 兴趣班是孩子的选择，不是父母的选择

在孩子成长的过程中，父母为了培养和提高孩子的注意力，选择给孩子报有助于锻炼孩子注意力的培训班，这是情有可原的。可是，这种做法的错误之处就在于这只是家长的选择，而不是孩子的选择。当父母为孩子做出选择的时候，并没有征求孩子的意见。

或许很多父母会说："兴趣是需要培养的，不让孩子学一学，又怎么能知道他有没有兴趣呢？不让孩子多报一些班，怎么知道他的兴趣在哪呢？"兴趣是需要培养，但是如果孩子已经表现出排斥情绪了，父母还强迫孩子去学，就像是易欣的妈妈一样，岂不就是浪费自己和孩子的时间了吗？

其实，最好的选择就是在报班前先征求孩子的意见，看看孩子喜欢什么，问问孩子愿意去做什么。

同时，父母还可以仔细注意观察下孩子眼前喜欢做的事情，发现孩子的兴趣。比如有的孩子十分喜欢看漫画，那么他是不是对漫画感兴趣呢？有的孩子喜欢玩魔方，那么他在这方面是不是有天赋呢？

## 2. 不要怕孩子选错，只要他真正感兴趣就好

父母不要害怕孩子选择错了，只要他真正对这件事情感兴趣，并且能够专心地做下去，那么这样的选择就是正确的。关键在于，父母要给孩子自主选择的权利，当他们自己做主的时候，

就会更加专注和投入。

一位妈妈的心愿是把孩子培养成一名钢琴家，于是在孩子很小的时候就带她去钢琴班报名。可是，在报名的途中，妈妈发现孩子居然专心致志地站在芭蕾舞班的门前观看表演。她被芭蕾舞深深地吸引了，就连妈妈的多次呼喊都没有听见。

原来孩子更喜欢跳舞，这位妈妈最后询问了孩子的意愿，最终选择了报名学跳舞。妈妈在填表格时慎重地告诫孩子："这是你自己的选择，就要对你的选择负起责任来，以后不管多苦，都要把舞蹈学好。"孩子深深地点了点头。

我们不知道这位小朋友今后是否能走上舞蹈家的道路。但是可以肯定的是，这是她感兴趣的事情，是她自己的选择，眼下她肯定会认真地学习，把自己的时间和精力都花费在跳舞上，并且甘之如饴。如果这位妈妈不顾孩子的兴趣，替孩子选择了学弹钢琴，那么孩子或许就会心不在焉，三心二意。当然，学习自然也不会有什么好效果。

兴趣是孩子最好的老师，这是亘古不变的箴言。如果父母想要孩子专心地学习，能够有一技之长，那么就应该考虑孩子的兴趣，在报班前征求孩子的意见，让他们有自主选择的权利。否则，孩子就容易敷衍了事、心不在焉。

## 9.

# 停止过分催促，让孩子用自己的方式把事情做完

有人曾经做过这样一个调查：

孩子在吃饭的时候，如果父母在一旁不断地催促，那么孩子就会分心，影响了食欲和速度。

处于幼儿时期的孩子，做事情容易被其他东西分散注意力，即便是吃饭也是如此。很多孩子需要被父母追赶着喂饭，有的孩子则喜欢一边玩一边吃饭，还有的孩子吃一口饭就去蹦跳两下……

这些分心的行为让父母头疼不已，于是就会出现生气、责备、催促孩子吃饭的行为，希望能制止孩子分心的行为，让其专心地吃饭。可事实恰好相反，父母越是生气地斥责、催促，孩子就越无法快速、专心地吃饭。这是因为，孩子进餐时的美好气氛被破坏了。

其实，不仅吃饭是如此，做任何事情都是如此。

如果细心留意，聪明的父母不难发现，自己几乎从早到晚一直在催促孩子：催促他们刷牙洗脸穿衣，催促他们快些做功课不要看电视，催促他们饭前要洗手等等。可这样的催促并不能起到很好的效果，反而会给孩子留下后遗症，让孩子无法按照自己的方式去做事情，使孩子内心变得越来越脆弱、越来越不自信。

过分的催促会让孩子产生一定的压迫感，使其很难以集中精神。所以，父母应该停止过分的催促，让孩子以自己的方式来做事情，这样一来，反而会得到更好的效果。另外，整天被父母催促追赶的孩子，还会产生麻痹心理。

当他们做一件事情的时候，会产生这样的想法：

"我可以慢一点，反正到时候妈妈会来催促，在这之前不如多放任自己一下。"

"妈妈平时都催促我三五遍，今天才催了我一次。没关系，我可以不必着急。等到妈妈着急的时候再快一些也没有关系。"

试想，如果孩子产生了这样的心理，那么催促还有什么意义呢？平时做事又怎么能提高效率和速度呢？

悠悠是个胖乎乎的小女孩，挺文静、挺聪明的，可就像是她给人的感觉一样，说话做事都不干净利落。上了幼儿园之后，老师也时常向妈妈反映，说悠悠比别人慢半拍，做事情三心二意的。为了让孩子提高做事节奏，妈妈就养成了催促的习惯，不管孩子做什么事情，都要在一旁催个不停。有时候，10分钟的时间，妈妈就会催促孩子好几遍，可以说是烦不胜烦。

可一段时间下来，孩子似乎并没有什么改变，做起事来依旧是老样子，慢慢腾腾、拖拖拉拉。如果妈妈催得急了，就开始手忙脚乱起来，把事情搞得一团糟。

一天，妈妈想要给孩子包饺子，韭菜择得差不多的时候，就准备去和面。于是对悠悠说："这里还剩下一点韭菜，你帮妈妈择完了，一会我和好了面就可以洗了。"悠悠答应得好好的。

可这本来就是个细致活，孩子哪能做得那么快。妈妈和完面之后，看到悠悠还在择，就催促她快一点。可孩子越是想让自己的动作快起来，就越手忙脚乱，不是把新鲜的叶子扔掉，就是把择好的韭菜扔到垃圾桶里。

妈妈看到这就气就不打一处来，于是气急败坏地把孩子数落一顿："你这孩子什么也做不好。这么点韭菜，你择了这么半天，还没弄好。做事情不专心，不是慢慢腾腾就是三心二意，也不知道你心里到底在想什么？"

这时候，悠悠小声是说："我不是想快点嘛？你总是催促我，我就是想快点，可心里一乱就更做不好了！你就不能不催我吗？"

妈妈说："我不催你，你不就更慢了吗？自己做事情慢，还怪我到身上！"

其实，悠悠说得不错，她之所以做事情慢、不专注，与妈妈的过分催促是有很大关系的。这并不是孩子逃避责任和惩罚的借口，而是事实。孩子本来按照自己的方式做事情，如果受到了妈妈的催促，心里肯定会非常着急，从而想要快点行动，结果是越忙越乱。而这时候，妈妈再催促的话，本来已经忙手忙脚的孩子心里就会更加着急，就更没有办法集中精神了。

生活中有很多脾气急躁的父母，他们就像是故事中的悠悠妈妈一样，每天都急切地催促孩子快点做事，不厌其烦地催促孩子，结果却让孩子更慢了。因为孩子在父母的催促下，分散了注意力，做事情毛手毛脚，把事情搞得一团糟，之后又不得不返

工，或是不知道如何下手了。

　　作为父母，应该多给孩子一些耐心。当孩子拖延的时候，可尝试着问问孩子，是否遇到了问题，或是不是有自己的想法。如果孩子有自己做事情的方式，那么父母就不能干扰孩子的思维和行动。因为孩子只有按照自己的方式做事，才能激起他最大的兴趣，并且做到应对自如，从而达到更高的效率。

　　我们也不否认，有些孩子的确会出现做事情故意拖延，或是三心二意的情况。这时候父母可以给予适当的提醒，让他们把注意力集中起来，加快自己的进度。然而，不断地催促绝不是最好的办法，这只会让孩子产生逆反情绪。

　　总之，父母要记住，让孩子用自己的方式做事情，而不是催孩子"快点快点"，孩子才能更好更快地把事情做完。

# 第七章

## 最大化提高时间利用效率
### ——引导孩子做事分清轻重缓急

**07**

培根说："善于选择要点就意味着节约时间，而没有条理地瞎忙等于乱放空炮。"这句话说得一点都没错。很多孩子之所以浪费时间，并不是因为懒惰、不珍惜时间，相反他们很勤快刻苦，只是没有能够最大限度地利用好自己的时间。父母应该引导孩子把时间用在最有价值的地方，分清轻重缓急，如此才能更高效地利用时间。

# 1.

## 希望做的事 VS 必须要做的事情

我们知道，孩子更愿意玩耍、游戏、画画跳舞，因为这些都是他们自己喜欢做、希望做的事情；而不愿意做作业、锻炼身体和做家务，因为这些都是他们不感兴趣的事情。

因为他们喜欢玩耍游戏，希望有更多的时间玩耍游戏，所以会很容易投入其中，乐此不疲，可是一旦听到妈妈让他们做自己不愿意做的事情，就会变得行动缓慢、磨磨蹭蹭。然而，事实上，后者却又是他们必须要做的事情。

这个时候，就需要父母给予孩子正确的引导，让孩子改变自己的心态，尽力做好每一件事情，并且先完成必须要做的事情。

夏丽丽刚刚上一年级，还没有适应小学生的学习和生活，每天起床的时候习惯了赖床，非要妈妈催促好几遍才慢腾腾地起床，像一只小蜗牛一样。每次妈妈让她快一点的时候，她都会气鼓鼓地说："我不想起床，不想上学，我要睡觉。"

放学之后，她就会满心欢喜地回到家，立刻坐在电视机旁，看自己最喜欢的卡通节目《顽皮豹》。过了一会，妈妈就会让她关掉电视，开始做功课。可是她通常都会不情愿地推托，实在没有办法了才会闷闷地去做功课。

结果可想而知，作业写得乱七八糟，生字写得横不平竖不直，算数也是诸多错误。妈妈生气地批评她说："你看看你写的是什么东西？字这么难看，连数字都抄错了。我看你就知道看电视，一点都不认真。"

丽丽也非常气愤，反驳道："是啊！我就是不想写作业、不想上学，我就是想看《顽皮豹》，是你非要让我上学、写作业的！"

妈妈听了丽丽的话，不知道怎么回答了。她不知道怎么教育孩子，让她改掉贪玩、爱看电视的坏习惯，对功课和上学感兴趣。事后她请教了一位做教师的朋友，这位朋友对她说："其实孩子贪玩是天性，尤其是刚刚进入小学的孩子，他们不知道游戏、玩耍是次要的，学习、做功课才是重要的。因为他们喜欢玩，所以更希望做游戏、看电视。作为家长应该引导孩子，让他们知道什么事情是重要的，什么事情是次要的，不能完全按照自己的喜好来做事情。"

听了朋友的话，丽丽妈妈不再强硬地关掉孩子的电视，而是耐心地引导孩子。妈妈对丽丽说："我也不喜欢每天做家务，希望每天清闲地看看电视、玩玩游戏，可是我并没有那样做，因为我知道照顾家庭和孩子是我必须要做、必须要履行的义务。我最大的梦想并不是每天辛苦地工作，而是到世界各地去旅行，可是如果只做自己喜欢做的事情，就没有办法赚钱、照顾你和爸爸了。"

"我知道你喜欢看《顽皮豹》，不如这样吧，妈妈答应你只要你做完了功课，每天就可以看两集。如果你能够完成妈妈交代的重要任务，比如整理好书包、按时起床上学、练好舞蹈，那么周末的时候我还可以奖励你多看两集。"

听了妈妈的话，丽丽就没有那么排斥上学、做功课了。之后，在日常生活中，妈妈始终指导丽丽按照事情的轻重缓急来安排做事顺序，如果这件事情她非常想做，但是又不是必须要做的，她就会缓一缓，等到把必须要做的事情做完再做；如果这件事情她并不是太感兴趣，但是又是必须要做的，她也会让自己积极地完成。

成功学大师金克拉曾说："人们都有一个倾向，喜欢做自己想做的事，而不是自己应该做的事。我们通常会花费较多事情做前者，却用应付和敷衍的态度对待后者，让别人感觉我们尽力完成所有的事情。"

没错，每个人都有自己的喜好，并更愿意做自己喜欢做且有兴趣做的事情。大人都是如此，更何况是孩子？可是，有些事情是必须要完成的，不管你喜不喜欢，也不管你是不是希望做。

所以，父母应该让孩子做好时间的规划，处理好希望做的事情和必须要做的事情之间的关系。

## 1. 让孩子分清轻重缓急

父母应该要让孩子学会分清事情的轻重缓急。对于他们希望做但是却不重要的事情，当孩子要做的时候，让孩子先问问自己：

"我必须做这件事吗？""做这件事情会花费多少时间？""有

没有比这更重要的事情需要我去做？""妈妈交代的重要任务我完成了吗？"

然后让孩子好好地思考一下，如果他按照自己的喜好，先做了那些喜欢做的事情，虽然能获得一时的开心和快乐，但是之后会怎么样呢？被耽误的作业应该如何处理？学习成绩应该如何提高？

当孩子养成了先做必须要做的事情的习惯后，就可以少做或不做一些不重要的事情，把时间和精力花费在那些重要的事情上来，从而最大化地提高时间的利用率，让自己做事情更加高效。

### 2. 帮助孩子找出必须做的事情，优先完成

父母应该帮助孩子规定出每天必须要做的事情，比如完成当天作业、每天阅读 20 分钟、整理好自己的书包、预习第二天要学的内容等等。这些事情都是雷打不动要完成的，也是必须首先要完成的，然后其他事情可以根据当天自己的时间来安排了。

总之，谁把该做的事情无端地向后拖延，谁就会浪费大量的时间；谁先完成那些必须要做的事情，就大大地提高了做事效率。父母要努力培养孩子良好的做事习惯，如此才能让孩子更加出色。

## 2.
## 根据事情的重要性和紧急程度排序

很多孩子制订了时间计划，并且努力地按照计划去做事情，

但是他们却没有节省出太多时间，做事效率也没有得到提高。这是为什么呢？

仔细观察之后会发现，这些孩子的问题在于：虽然他们花了很多时间，但是重要的事情没有完成多少，而无关紧要的事情却做了很多。

因为处于成长阶段的孩子，做事情具有很强的随意性，并且自我控制能力也较差，所以他们常常不能注重做事的顺序，缺乏条理。在安排事情的先后顺序时，他们并没有考虑到事情的重要性和紧急程度，并没有先做那些重要且紧急的事情。如此一来，时间没有最大化地利用，效果又怎么能提高呢？

做事情总要分轻重缓急，这样才能把有限的时间和精力用在有价值的地方，才能让自己把事情做得更好。孩子懒惰是可怕的，但是更可怕的事情是，孩子没有安排好做事的顺序，把时间浪费在不重要、不紧急的事情上。这等于白白浪费了时间和精力，却没有收获任何有价值的东西。

正如著名思想家培根说的："敏捷而有效率地工作，就要善于安排工作的次序，分配时间和选择要点。善于选择要点就意味着节约时间，而没有条理地瞎忙等于乱放空炮。"

一位父亲就是这样教育自己孩子的：

我的孩子以前做事没有计划和条理，时常想到哪个就做哪个，结果时常忙碌个半天，重要的事情还没有做。为了让孩子更高效地利用时间，养成做事有条理的好习惯，我总是引导他：你应该想一想接下来要做哪些事情，然后把这些事情记在

笔记本上，然后按照重要性和紧急程度分为四类：重要并紧急的、紧急的但不重要的、重要不紧急的、既不紧急也不重要的，把所有的事情都标上序号，然后再依次完成它们。

比如一个周末晚上，我看见孩子正愁眉不展，一问才知道他明天有很多事情要做，可是不知道先做哪一件事情。他说："我明天要去画画，还有很多作业要写，而且和同学约好了要去图书馆看书，另外，我还要打扫房间卫生、去看看奶奶、充公交卡。我到底应该先做什么呢？"

听完孩子的烦恼，我说："我们可以把这些事情都写在纸上，然后按照轻重缓急把它们分分类。"之后，归类结果出来了：上画画课、做作业都是重要并且紧急的；和同学去图书馆，因为是事先约好的，不能食言，虽然不重要，但也是紧急的事情；而看望奶奶则是重要的，但与其他相比并不算太紧急；最后打扫卫生、充公交卡都是不重要且不紧急的事情。

之后，孩子说："我知道先做什么事情了。我周六上午有画画课，这是必须按时参加的，应该排在第一位。下午和同学去图书馆看书，有时间的话还可以把公交卡充好。周日的时候我要写作业，如果上午能够写完，下午就可以看完奶奶。如果写不完的话，就给奶奶打电话，下周末再去看她。至于打扫卫生的问题，晚上抓紧时间就可以完成了。"

看吧！孩子经过了排序和整理，然后按轻重缓急依次完成，原本杂乱无章的事情就变得轻松简单多了。通过这样的事例不难看出，主次分明的方法对于孩子处理事情是非常重要的。如果孩子不能分清事情的轻重缓急，习惯了胡子眉毛一把抓，不仅无法专心于一件事情上，还会养成三心二意的坏习惯。孩子平时看上去很忙，却难以取得高效的结果。

按照重要性和紧急性来把事情排序，并且先做重要且紧急的事情，说起来很容易，但是做起来并不容易。很多孩子容易受环境和别人的影响，看到别人在做不一样的事情，就会忘记自己的计划，把轻重缓急都丢到九霄云外去了。所以，父母应该多引导和监督孩子，让他将这种做事方式形成习惯，长期地坚持下去。

让孩子把事情按照重要性和紧急程度排序，并不是说只让他做最重要的一件事，而完全忽略其他所有的事，而是要让孩子分辨出哪些事情才是当时最重要的、最需要先解决的。至于其他事情，可以根据自己的需要、能力以及精力去慢慢地完成。

## 3.

# 一次只做好一件事情，效率才是最高的

很多孩子就像小猴子一样，做什么事情都是毛毛糙糙的，容易做着这件事情又想着那件事情，这件事情还没有做完就着手做下一件事情，反反复复地在好几件事情之间穿梭，结果一件事情都没有做好。

或许孩子的目的是想要多做几件事情，提高自己做事的效率。可是他们却忘记了一个道理，人不可能同时做两件事情或是更多事情，否则只会分散自己的注意力，导致一件事情都无法做好。

　　生活中，很多孩子做事都有不专心的毛病，三心二意。这让父母们伤透了脑筋，尽管父母总是提醒孩子"专心做好一件事情""把一件事情做好之后再进行下一件事情"，但是似乎效果并不明显。

　　叶子从小做事情就没有耐心，做什么事情都是三分钟热度，不能专心地做好一件事情。即便是最喜欢的玩具也从来没玩过半个小时以上。她从来都是把一堆玩具放在自己的身边，一会儿拿起布娃娃，一会儿又拿起了小汽车，一会儿搭搭积木，一会儿又拿起来布娃娃……

　　叶子父母总觉得孩子还小，容易被更多的事物吸引，没有长性是正常的，或许长大一些就改善了。所以，他们就没有太在意孩子的这个坏习惯。可这个坏习惯却害了叶子，导致她做什么事情都三心二意，不能专心做好一件事情。生活中，叶子不仅没有耐心，还缺乏专注力。她时常一边看电视一边吃饭，一边听歌一边读书。她以为自己可以一心两用，把两件事情都做得很好，可事实上，不仅耽误了时间，而且每件事情都不能做得尽善尽美。

　　而且这样的坏习惯还延续到学习之中，叶子做功课的时候不能完全地静下心来，一会儿去喝水，一会去厕所。即便是能够坐在书桌旁老实地写作业，也不能专心地把一门功课做好。她时常把全部书都拿出来，堆在书桌上，看见数学卷子就开始做，卷子还没有做完，又想起了语文课文还没有背诵下来，于是便开始背诵课文；课文还没有背诵下来，想到了生字还没有写，于是就放下了课文开始写生字……结果，一个小时下来，数学卷子没做完，课文没背会，生字也没有写完，既浪费了时间又影响了作业的质量。

其实，如果叶子能够一次只做一件事情，按照做卷子、背课文、写生字的先后顺序来逐一完成作业，就会高效很多。因为一次只做一件事情，注意力会非常集中，速度和效率也会得到很大提高。人的大脑一次能够注意的事物是有限的，完全集中精力也是需要时间的。当一个人的大脑长时间集中在一件事情的时候，才能提高速度和效率。相反，如果一个人同时做两件事情，或是不断地在不同的事情间转换，那么大脑就无法真正集中起来，一些无关的信息就会带走大部分精力，使其无法专注。这样一来，效率和结果自然就受到影响了。

叶子刚刚做一会数学卷子，精力还没有集中起来就开始背课文，那么大脑就会想着数学卷子的事情，从而无法专心地背诵。而好不容易把大脑转换到背诵课文上来，又开始写生字，那么脑子里还会留着背诵课文的记忆，又怎么能发挥更好的效用呢？

所以，想要让孩子做好事情，父母就应该要求他一次只能集中精力去做好这一件事，当这件事完成之后再做另外一件事。如此孩子才不会做着这件事心里却想着另外一件事情，导致所有事情都不能更好地完成。

那么，父母们应该怎样引导孩子呢？

223

### 1. 让孩子养成耐心的好习惯

很多孩子之所以不能一次只做一件事情，是因为他们从小就没有养成耐心做事的好习惯。他们做事情只有三分钟热度，习惯了半途而废，这样一来，孩子又怎么能有耐心地做事情呢？

耐心需要从小培养。当孩子做事情的时候，父母不要轻易地打断他。比如孩子正在画画，父母就不要让他放下手中的画笔去吃饭或是洗澡，而是应该等待孩子做完了这件事情之后再让孩子吃饭、洗澡。

而当孩子因为没有耐心，无法专心地完成一件事情的时候，父母应该给予孩子正确的引导，鼓励孩子坚持把事情做完。这样，不仅能够让孩子养成做事有始有终的良好习惯，还可以锻炼孩子的毅力。

### 2. 让孩子分清主次，按照主次顺序来做事

从另一方面来说，很多孩子不能专心地做好一件事情，是因为不懂得按照事情的主次来做事情。在面对众多事情的时候，他们不知道先做哪一个，因为觉得每件事情都非常重要，所以想要同时把所有事情都做好。这个时候，父母应该让孩子知道，做事情应该有个先后顺序，先做好重要的那个，然后再一一做好其他事情。

### 3. 父母帮孩子做好时间规划

一次只做好一件事情，其实并不是非常难的事情。只要父母帮

助孩子做好时间的规划，并且教会孩子做事情有始有终就可以了。

父母不能纵容孩子的坏习惯，只有积极引导和帮助孩子，让孩子改掉做事三心二意、半途而废的坏习惯，耐心地做好、做完每一件事，才能提高做事的效率，并且最大化利用时间。

## 4.

## 把时间用在刀刃上，不要胡子眉毛一把抓

著名作家毕淑敏曾经写过一篇文章，是关于她如何读书的。她在文章中说：

现在分工越来越细，每一门专业都有很多很多书需要读。一个人即便是用尽一生的时间，恐怕也读不完一个专业的大部分书。那么，我们究竟要怎么办呢？

最好的办法就是把时间用在刀刃上，选择最值得看、最有价值的那几本来读。也就是选择每一个专业的经典书目来说，因为其他书籍都是经典的延伸和补充，即便是读了也不会有太大的意义。

不错，把时间用在刀刃上，才能使孩子在最短的时间内取得最大的效果，才能让孩子的努力获得最大的价值。如果不分重点，做事习惯了胡子眉毛一把抓，读的书都是重复的，或是都是经典之外的边缘书籍，不仅无法掌握重要知识，还将浪费自己的时间和精力。

　　可很多孩子却不懂得这样的道理，他们想要节省自己的时间，可面对众多事情，却不懂得把什么事情放在第一位，结果因为做了不重要的事情而耽误了最重要的事情。

　　对于很多孩子来说，尤其是婴幼儿，他们并不懂得时间管理的技巧，也不知道如何安排自己的事情。所以，做起事情来总是随心所欲，按照自己的喜好来做事。正因为如此，孩子的时间就容易白白地浪费掉。

　　这时候，父母就需要给予孩子正确的引导了，告诉他们应该把重要的事情放在第一位，把大部分时间用在更重要的事情上。

　　萌萌从小就是闲不住的孩子，每天都是忙忙碌碌的样子。可你别看她好像挺忙的样子，做事效率却并不高，因为她做事情没有轻重缓急，不管做什么事情都是胡子眉毛一把抓。

　　比如周末的时候，妈妈正在收拾房间，她看到之后就热心地来帮忙。可是妈妈还没有扫完地，她就开始擦地板，导致刚擦过的地方又一次被踩脏了，还要再费力费时擦一遍。

　　妈妈让她把自己的房间整理一下，然后再把橱柜擦一下。可是妈妈都已经把橱柜擦完了，她还在自己房间内没有出来。妈妈进去一看，发现萌萌正在摆弄自己的布娃娃。妈妈无奈地说："我叫你整理房间，你弄那个布娃娃做什么？看看，衣服还没有放进衣柜，书本也是扔得乱七八糟的。"萌萌不服气地说："我这个布娃娃的脸脏了，我用湿巾给她擦擦。"妈妈说："现在是打扫卫生的时间，你房间还没有整理好，为什么非要先擦布娃娃呢？"萌萌这时候就低着头不说话了。

　　爸爸妈妈时常告诉萌萌要注意做事情的次序，孩子总是信誓旦旦地说"知道了"，可到了下一次还是犯同样的错误。老师也发现了这个问题，萌萌在其他方面表现都很不错，可就是做事情主次不分，胡乱忙活一气。结果做了很多事情，花费了不少时间，可是到头来却发现重要的事情并没有做好。放学的时候，老师会给孩子布置多项作业，有写生字、读书、背课文、做家务等。有时候，老师会着重提醒孩子们，必须完成某一课的生字背写。可是，到了第二天检查作业的时候，老师就会发现萌萌其他作业都做好了，可最重要的生字背写却没有完成。

　　对于孩子做事情不分主次、胡子眉毛一把抓的问题，萌萌爸爸妈妈也意识到了问题的严重性。为此，他们查阅了很多资料，也和老师讨论了多次，最终找到了解决问题的最佳方案。之后，每当孩子要做什么事的时候，都会问孩子是不是还有其他事情要做。如果孩子要做多件事情，就会帮助孩子分析哪一个最重要，然后让孩子把时间花在最重要的事情上，之后再一件件做接下来的事情。

　　坚持了一段时间后，爸爸妈妈发现，萌萌确实有了很大的改变。在面对多件事情的时候，她不再马上拿起一件事情就做，而是先找到最重要的一件事情去做，把时间和精力都用在有价值的事情上。结果，萌萌的做事效率不仅提高了，做事效果也提升了很多。

　　我们做事的时候，总要分个轻重缓急，把时间和精力花在

重要的、紧急的事情之上。这样一来，才能用有限的时间和精力把事情做好，才能高效地完成所有的事情。大人是如此，孩子更是如此。如果孩子做事情习惯了胡子眉毛一把抓，就很难找到重点，也无法让自己的时间产生最大的价值。

一位名人曾经说过这样一句话："凡是优秀的、值得称道的东西，每时每刻都处在刀刃上，要不断努力才能保持刀刃的锋利。"这句话告诉我们，我们在做事情的时候，要先确定事情的重要性，让一件事情足够重要的时候，我们才有必要花大力气和时间去做它。而摆在第一位的事情，也值得我们花费这样的时间和精力。

因此，父母们不要看孩子表面忙碌就认为他们一定能做好事情，如果孩子没有把时间用在关键之处，那么最后只能是白忙一场。同时，父母应该教会孩子做事的技巧，善于分配自己的时间和精力，杜绝胡子眉毛一把抓的行为，如此才能把事情做得更好、更有价值。

## 5.
## 培养孩子养成思考做事步骤的习惯

在日常生活中，我们可能会遇到这样那样的问题，有简单的，也有复杂的。孩子也不例外，因为孩子处理问题的能力低，应变能力差，所以遇到的问题显然要比大人多得多。

对于那些简单的问题，孩子或许可以轻松地找到答案；但如果遇到复杂的问题，他们就可能束手无策了。这个时候，父母应

该引导孩子学会认真地思索，把复杂的事情简单化。

想要复杂的事情简单化，父母就应该让孩子思考如何把复杂的事情分解成若干容易完成的事情，然后再一步步地解决，如此一来，再困难的问题也能迎刃而解。

比如一个孩子想要学习骑自行车，可是一时找不到好方法，所以总是摔跟头。这个时候，父母就可以帮助孩子把学习骑车分成四个步骤：

第一步，先让孩子学会推自行车，让孩子努力学会灵活地掌握车把，能够自如地走直线；

第二步，可以让孩子尝试着单脚踩在脚蹬上，学会单脚滑行，直到孩子能够单脚滑行一段距离，保证不摔跤为止；

第三步则需要让孩子练习上车。父母可以在后面帮助孩子扶稳自行车，让孩子能够成功地学会上车；

最后就是上车后保持平衡了，只有孩子学会保持平衡，才能继续前行。之后，通过一步步地学习，反复地练习，孩子一定能够快速地学会骑自行车。

同样，在面对孩子学习的问题上，父母也可以教孩子学会分解所做事情的步骤。父母可以先帮孩子将解决不了的问题分解成几步，然后让他们逐步认真地完成，最后一定可以顺利地解决问题。

岩岩是一个做事有计划的孩子，每天做完作业之后都会利用10分钟的时间来预习第二天的知识。他会把第二天老师要

讲的内容从头到尾看一遍，可是他发现这样的预习并没有什么效果。因为到第二天上课的时候，自己对预习的内容一点印象都没有。

他感到非常不解，于是便向老师询问意见："老师，我听说提前预习会提高学习效率，可是我每天都预习，为什么听课还那么费劲呢？我怎么对新知识没有什么印象呢？"

老师问他："你是怎么预习的呢？"岩岩如实回答了。老师笑着说："你只是笼统地看了课本内容，不管懂没懂，也没有思考预习的正确步骤，当然没有什么效果了！你可以按照我说的步骤来，相信一定能够在短时间内做好预习。"

老师帮助岩岩制订了预习功课的步骤，首先通读课本，把课本内容先看一遍，对于书本有大体的了解；第二步，认真通读课本，找出本课的重点、难点，然后记下自己不懂的地方；第三步，把自己的问题写下来；第四步，遇到不懂的地方可以先查阅资料，尝试着自己弄明白；第五步则是整理自己的思路，回想一下课文讲了哪几个问题，哪些问题自己弄明白了，哪些问题还没有弄明白。然后第二天上课的认真听自己不明白的问题，这样一来预习才能起到更好的效果。

岩岩听了老师的建议，果然预习效果得到了明显的改善，听课效率也提高了。这时候，他想：既然预习可以分为几个步骤，那么其他事情是不是也可以呢？接下来，不管他做什么事情，都事先思考如何做，分为几步。比如复习的时候，他同样也把复习分为四步：全面复习一遍、找到难点重点、查漏补缺、着重练习重点习题；写文章的时候也事先想好了步骤，先构思、再想好构架，然后查阅资料，最后再写作。

　　自从岩岩养成了凡事思考步骤的习惯后，做事更加有条理、有计划了，效率也提高了很多。

　　对于孩子来说，养成分解做事步骤的习惯，不仅可以让孩子合理安排需要做的事，节省出很多时间，还可以让孩子养成做事情有始有终的好习惯。孩子所制订的步骤不一定非常详细，但是一定要安排好先后顺序，并且按照这样的顺序来做，如此才能让孩子更有行动力。时间长了，即便孩子不一一把做事情的步骤写下来，也可以做到心中有数，有条理、有计划地做事情。

　　把事情分成一个个步骤，看起来比较复杂，而且会浪费些时间，但是这样做会把复杂的问题简单化，如果再加一个进步表的话，那么就更有利于事情的高效完成了。所以，作为父母不妨培养孩子分解做事步骤的习惯，让他们逐步地把事情完成。

# 6.
## 做事要精益求精，但不要深究细枝末节

　　很多孩子不能按时完成作业，究其原因，并不是因为他们懒惰，不爱行动，也不是因为他们天生比较愚笨，无法解决问题。相反，这些孩子要比其他孩子积极主动得多，能够主动地完成所做的事情，同时他们也比其他孩子聪明得多，可以轻松地解决问题。

那么，为什么这些孩子会出现拖延的情况呢？

因为他们对自己的要求太高了，太过于追求完美了，想要把事情做得更加完美。

其实，对自己高要求是没有错的，只有高要求才能让事情越来越好，但是高要求并不代表着过分追求细节。很多孩子在做事情的时候，把时间都浪费在毫无价值的细枝末节上，结果由细心变成了拖延，由要求高变成了苛求完美。

比如有的孩子画画，要求纸张必须干干净净，没有一丝涂抹擦拭的痕迹。按理说，画画的时候，如果线条不够圆润，擦掉了重新画上去是很正常的事情。就是很多名家也是时常用铅笔先勾勒出轮廓，然后再慢慢地修改。可是有些孩子并不是如此，只要线条出现一丝问题，就会马上扔掉画纸，换上一张新纸。最后需要花费很多时间、浪费掉很多张纸才能完成一幅所谓完美的画作。

小女孩琪琪就是这样的：

琪琪是一个非常认真的孩子，不管做什么事情都积极努力，力求做到最好。可是，她好像对自己要求太高了，有些苛求完美。有时候，为了把事情做到最好，甚至会苛求一些并不重要的细枝末节。比如，叠衣服的时候，妈妈要求她把衣服叠整齐，放进衣柜就好了，她却每次都花上 20 分钟左右才能叠好一件衣服，把每个衣角都压得平平的，必须叠得像豆腐块一样，差一点都不行。在放进衣柜的时候，还要把每件衣服对齐，不能出现一点点偏差。

写字的时候，如果有一笔写得不好，她就会用橡皮擦了再写，感觉还是不好，就继续擦了重写。如果还是觉得不满意，就会撕掉这一页，把所有的字再重新抄一遍。有时候，妈妈对她说："孩子，你写得已经很不错了，没有必要太苛求完美。"她却辩解说："老师要求我们写字工整，我必须做到最好。"其实，琪琪写得字已经很工整了，她却总是因为一点点问题而反复重写。结果，每次写作业的时间都会很长，原本十几分钟就可以写完一张纸，她却要花一个小时，甚至更长时间。

琪琪这是在走极端，为了追求完美而不断重复做同样的事情。她还非常在意一些边边角角、细枝末节的事情。比如整理书包的时候，一般孩子只要按照书本的大小顺序整理整齐就好了，可是她却非要按照数学、语文、音乐、美术的顺序排放不可；再比如吃饭的时候，妈妈叫她帮助拿碗筷，她就必须先把碗摆放好了之后，再回去拿筷子。妈妈总是提醒她可以一起拿，她却非要按照自己的方式来做……

其实这些细节并不影响做事的结果，可琪琪却把精力和时间花在这些事情上，结果造成了时间的浪费，让自己变得越来越拖延。

做事认真负责是没有错的，可是像琪琪这样过分追求完美的做法并不可取。

美国心理学教授拉里有一句名言："某些拖延行为其实并不是拖延的人缺乏能力或努力不够，而是某种形式上的完美主义倾向或求全的观念使得他们不肯行动，导致了最后的拖延。他们总在

说：'多给我一点时间，我能做得更好。'"

过于追求完美，是某些孩子拖延的重要原因。面对这样的孩子，父母要告诉他们，这个世界上没有什么东西是完美的，只要自己能够认真对待所做的事情，尽力做到最好就可以了。当一件事情最重要、最关键的部分已经完成，并且做到最好的时候，如果再把精力放在那些无关紧要的小节上，那么就是在浪费时间。

所以，作为父母要让孩子养成注意细节的好习惯，但同时要告诫孩子不要把过多心思花在细枝末节上。不妨讲这样的故事给孩子听：

一个诗人非常追求完美，发誓要创作出完美的诗句来。为了这个理想，他要求自己做任何事都要完美，写诗的时候不仅要内容出彩，而且还要求字形完美，甚至纸张、钢笔都不能有一丝丝问题。如果在写作的过程中出现了一丝问题，他就会立刻停止，找时间重写。结果，几年过去了，诗人依旧没有写出一句完美的诗句。

现在看看，这个诗人是不是有些可笑？写诗重要的是灵感、创意，诗人可以在意内容是否出彩，诗句是否绝美。但是如果连纸张、钢笔等因素都要求完美，那么就本末倒置了。

如果我们仔细地观察一下，就会发现生活中那些苛求完美、并且把精力和时间放在细枝末节的人，通常都不会得到完美的结果。他们不是因为毫无价值的小事而浪费掉了大把的时间，就是因为和繁杂琐事斗争而错失了做大事的机会。

所以，作为父母，应该让孩子从小就分清做事的轻重缓急，力求凡事做到精益求精，但是不可过分苛求完美，让细枝末节牵绊住自己。

## 7.
## "准备"也是需要花时间的

孩子学会时间管理的目的就是要减少时间的浪费，以便于更高效地做事情。然而，很多孩子认为准备会浪费时间，所以为了更快地行动起来，省掉了事前准备这一步骤。

这样的做法是错误的，孩子们因为缺少计划性，没有做好事先准备，反而浪费掉了更多时间。

尽管准备也是需要花时间的，但是这点时间却花得非常值得，可以说是用一点点时间换来了更高的效率，从而节省了大量的时间。想一想，这样的做法是不是很划算？

况且它还可以给孩子带来很多积极的结果：在最重要的事情上投入更多的时间，避免把时间浪费在其他杂乱的事情；让孩子的行为更加有序、有条理，不再胡乱忙一通……

父母们想要孩子真正做到提高时间的利用率，就应该教会孩子时间管理和时间计划好好地结合起来，在做事情之前好好地准备，好好计划。

小华今年 10 岁，读四年级了，平时学习还算认真，每天都主动完成作业，成绩却只是不好不坏，不会落到最后几名，可也无法拿到更好的成绩。妈妈对此感到非常疑惑，便请教老师："孩子用在学习上的时间并不比别人少，甚至比别人还要多，为什么学习成绩就是无法提高呢？"

经过了一段时间观察之后老师发现，小华虽然学习还算刻苦，但是却非常随意，根本没有事先做好计划。比如快考试了，别的孩子都安排好了复习的计划，一门一门复习，可小华觉得做计划浪费时间，还不如早点复习，结果想起什么复习什么，到最后也复习不到重点上；其他孩子安排了每天复习的进度和时间，可他平时不好好利用时间，到了考试的时候就临时抱佛脚。

一次考试的前一晚，爸爸妈妈都快睡觉了，可小华屋里还亮着灯。妈妈看到之后问他："小华，该睡觉了，明天不是还有考试吗？"小华却着急地说："我知道明天就考试了，可是我语文还有好几单元没复习呢！"结果怎么样？考试成绩当然是不理想了。

不仅是学习，在生活上小华也是如此。每次妈妈让他做事情好好准备和计划的时候，他都会不耐烦地说："准备什么啊？这多浪费时间啊！有那个时间我已经做好了！"可是结果呢？由于缺乏准备和计划，小华做事情的事情没有条理性，胡忙一通，不仅做事效率没有提高，还把自己搞得疲惫不堪。

我们会发现，很多孩子像小华一样，他们会积极主动地做事情，但是却没有太好的成绩。因为他们觉得事先的准备都是多余的，认为这是浪费时间的行为，于是忽视了这一步。

想要让孩子避免这种状况，最大化地提高时间的利用效率，父母就应该引导孩子认真规划每一天的时间。

### 1. 越是时间紧迫，越是要事先做好准备

不管孩子有多少事情要做，都应该设法抽出时间做准备。而且父母应该明确地告诉孩子，你越是面对较多的事情，就越应该做好事先准备。这就是我们常说的"工欲善其事，必先利其器"。

如果孩子每天拿出 10 分钟或是半个小时来规划自己的时间，为所做的事情做好准备，那么可能得到数倍的回报，节省出 1 个小时，甚至更多的时间。

### 2. 根据自身情况，选定做准备的最佳时间

通常，提前做准备的合适时间应该是早上起床之后，或前一天晚上休息之前。早上是孩子头脑最清醒的时候，这个时间如果让孩子做好一天的规划，就可以帮助他们把一天的事情安排好。而前一天晚上做计划，可以根据当天的实际情况来安排第二天的事情，做一个更合理清晰的安排。况且，这个时候孩子已经学习了一天，大脑也从紧张的情绪中放松下来，非常适合做第二天的时间规划。

父母也可以让孩子在做事情之前做好计划，比如在每天做功课之前把接下来的事情安排好，先做哪科作业，后做哪科作

业，还是先写字后背书等等。这样一来，接下来的功课就会高效地完成。

再比如，孩子想要周末出游，父母可以协助孩子做好准备，需要带什么东西、坐哪一路车、怎么回来等等。即便孩子比较小，父母也应该让他养成这样的习惯，孩子长大后才会能合理安排有件事情。

父母教会孩子规划好自己的时间，让孩子懂得事先准备的重要性，如此孩子才能在不知不觉中提高时间利用效率，做个高效做事的人。

## 8.

## 善于挤时间的人，不浪费一分一秒

很多孩子认为自己每天都拥有很多时间，足够自己做很多事情。可是等到一天结束后，他们才发现，这一天自己并没有真正做好几件事情。这时候，孩子可能会大声地抱怨:"我并没有偷懒，怎么会浪费这么多时间呢?"

时间对于每个人来说都是公平的，它不会偏爱任何一个人。那为什么有的人一天可以完成很多事情，而有的人却连一件事情都无法完成。

这到底究竟是为什么呢?

造成这种差距的原因之一，就是前者善于挤时间，能够充分利用自己的时间，不浪费一分一秒，而后者不善于挤时间，不知不觉中把本来可以利用的时间白白浪费掉了。

善于挤时间的人，挤时间就是利用零碎时间。他们会把那些被整块时间切碎的零星时间"捡起来"，用来做最适合的事情。久而久之，会发现这几分钟、十几分钟的时间汇集起来，也可以产生令人意想不到的效果。

> 洋洋今年才上一年级，可是他却已经可以看书读报了，《三字经》《弟子规》等国学著作也是熟记在心。其他同学的妈妈都感到惊讶，为什么洋洋学了这么多知识，为什么他有这么多时间来识字、读书？
>
> 原来洋洋的妈妈总是能够让孩子把零星的时间利用起来，在这些时间里教孩子认字。比如在坐车的时候，看到招牌上的字，妈妈就会教孩子认字；等车的时候，妈妈会教孩子认站牌上的站名。在看电视的时候，妈妈也会教孩子认字幕，念动画片的片名……时间长了，孩子会认的字积累下来也有几千个了。

就像是蚂蚁啃骨头，虽然每天只用了一点零散的时间，但是通过一点一点的积累，孩子最终可以完成大的任务。这就是积少成多的意义。所以，父母要告诉孩子，不要小看几分钟的时间，一旦把它们"捡起来"，并且长期坚持下去，必定会有所收获。

至于如何挤出更多时间，父母应该教会孩子一些技巧。

## 1. 改变做事顺序，可以让孩子挤出很多时间

同样的事情，如果改变先后顺序，就可能挤出很多时间来。

著名数学家华罗庚就"烧水泡茶"为例介绍过能提高效率的统筹方法。如果想要泡一壶茶喝，就必须把水烧开、把水壶准备好，把茶杯、茶壶洗干净，准备好茶叶。这是一件简单的事情，不过却有省时和费时两种方法。

第一种方法：先把茶叶准备好，然后准备好水壶，把茶杯、茶壶洗干净，最后再把水烧好。这样的做法可能要花费 10 分钟的时间，因为烧水就可能需要 5 分钟的时间。第二种方法则是先烧水，在等待水开的过程中把其他的事情做完，洗茶杯、茶壶，准备茶叶等等，而这种方法只需要 5 分钟的时间。

父母应该选择哪一种方法？答案显而易见。在日常生活中，作为父母应该让孩子学会把事情进行巧妙地安排，把一个事情安排到另一个事情的空隙里，那么就会挤出很多时间。

比如父母可以让孩子利用等车的时间看看书、背背单词；或是利用排队的时间背背乘法口诀。做这些事情本来就需要花费一些时间，如果在这些时间内安排一些简单的事情，那么就可以充分利用它们。

## 2. 压缩做琐事的时间，尽量做有价值的事情

父母还可以指导孩子压缩做生活琐事的时间，把不必要的时间支出尽量压缩到最少。

不管是大人还是孩子，生活中总是充满了各种琐事，这些琐事有些是不必要的，比如发呆、打闹、聊天、看电视等等。有些琐事要花的时间则是可以压缩的，比如很多孩子起床穿衣服就要

花5分钟的时间；上个厕所要在马桶上坐10分钟；放学回家走路比较慢，并且一边走一边东张西望，短短几百米的路程竟走了十几分钟。这时候，父母要让孩子加快自己的节奏，可以把穿衣服的时间压缩到2分钟到3分钟之内，上厕所的时间控制在3分钟内。在放学的路上，教孩子加快走路的步伐，不能一边走一边玩。如此一来，孩子每天就可以挤出很多时间来。

即使这些时间不全部用在学习上，而是用在休息和娱乐上，最起码孩子的做事效率也提高了很多，而不是把时间都浪费在这些琐事上。

其实，每天可以完成很多事的人，他们的时间并不比别人多多少，而是他们不舍得浪费一分一秒。让孩子充分利用每一分每一秒，才能学会更好地利用时间。